쑥쑥크리의
유기농
화분텃밭

쑥쑥크리의
유기농 화분 텃밭

© 쑥쑥크리, 2022

초판 1쇄 인쇄일 2022년 2월 23일
초판 1쇄 발행일 2022년 3월 3일

지은이 쑥쑥크리
펴낸이 김지영   펴낸곳 지브레인^{Gbrain}
편 집 김현주
제작 · 관리 김동영   마케팅 조명구

출판등록 2001년 7월 3일 제2005-000022호
주소 04021 서울시 마포구 월드컵로7길 88 2층
전화 (02)2648-7224   팩스 (02)2654-7696

ISBN 978-89-5979-680-9(13690)

- 책값은 뒤표지에 있습니다.
- 잘못된 책은 교환해 드립니다.
- 해든아침은 지브레인의 취미 · 실용 전문 브랜드입니다.

유기농
화분 텃밭

쑥쑥크리 지음

머리말

《쑥쑥크리의 유기농 화분 텃밭》은 내 생활 속 공간인 베란다, 옥상과 같은 곳에서 화분 등을 이용해 직접 씨앗을 뿌려 가꾸고 수확하는 채소를 소개하고 있다. 소량재배인 만큼 가족들이 먹을 수 있는 유기농으로 재배하며 반려식물을 돌보는 즐거움과 보람도 느낄 수 있다.

농사는 씨뿌리고 가꾸고 수확하면 되는 단순한 일 같아 보이지만 살아 있는 생명체이기에 많은 지식과 정성을 필요로 한다.

요즘은 농사에 관련된 많은 정보들을 인터넷 등을 통해 쉽게 찾을 수 있지만 한편으로는 너무 많은 정보가 올라와 부정확한 내용들도 소개되어 있기 때문에 잘못된 정보들로 채소를 키우는 즐거움을 누릴 수 없는 경우도 꽤 많다.

《쑥쑥크리의 유기농 화분 텃밭》은 내 생활 속에서 활용할 수 있는 최소한의 공간에 계획을 세워 다양한 작물을 키울 수 있는 팁과 매일 돌볼 수 없는 경우에 대한 관리법, 텃밭에 맞는 적절한 재배작물의 선정과 재배시기, 재배방법을 소개했다.

화분 또는 작은 마당 한켠에서 가꿀 수 있는 작물과 그 작물을 잘 키울 수 있는 토양 준비, 씨앗부터 시작하는 모종 키우기, 씨뿌리기, 옮겨심기 등 처음 작물 재배에 도전하는 초보자들에게 좋은 길잡이가 되어줄 것이라고 믿는다.

씨앗에서 새싹이 탄생하는 순간은 언제나 기쁘고 설렘이 가득하다. 이 새싹을 짧게는 3개월에서 길게는 9개월 동안 돌보는 동안 눈과 마음의 즐거움은 어느새 수확이라는 결실로 돌아오게 된다.

비대면사회에서 반려식물의 자리도 커지는 만큼 반려식물을 키우는 즐거움을 누리는 동시에 바로 키워 바로 먹는 나만을 위한 텃밭을 시작해보자.

좀 더 자세한 재배 방법과 과정은 유튜브 〈쑥쑥크리〉를 통해 작물이 자라는 전체적인 모습을 소개하고 있으니 작물의 성장 과정과 관리법이 궁금하다면 방문해 참고하길 바란다.

《쑥쑥크리의 유기농 화분 텃밭》으로 3월부터 나만의 텃밭을 준비해 올 봄 풍성한 식탁을 위한 작물 재배에 도전해보자.

차례

4 머리말
9 화분 텃밭을 시작하며

3월

21	감자	40	미나리
28	당근	44	상추
34	대파	51	양배추

4월

59	땅콩	89	참외
65	생강	98	청경채
70	수박	103	토란
77	수세미	108	토마토
83	옥수수	116	해바라기

5월

- **125** 가지
- **131** 고구마
- **139** 깻잎
- **145** 멜론
- **150** 여주
- **155** 열매마
- **159** 열무

7월

- **167** 가을 당근
- **171** 가을 옥수수

8월

- **177** 가을 감자
- **182** 김장무
- **188** 쪽파

193 로즈마리 살려서 나무로 키우기

최근 도시농업이 발달하면서 텃밭을 위한 별도의 공간을 확보하지 못하거나 생활 가까이에서 공간을 활용해 식물을 기르고자 하는 사람들이 주로 활용하는 공간이 베란다와 옥상이다. 그리고 이 선택은 탁월하다. 정성을 필요로 하는 식물들인 만큼 텃밭은 거주하는 곳에서 접근이 쉬워야 부담 없이 시작하고 잘 돌볼 수 있다.

《유기농 옥상텃밭》은 내 가족이 먹는 작물을 농약과 비료 없이 유기농으로 건강하게 키우는 것이 목표이다. 그래서 일체의 화학비료를 사용하지 않고 발효퇴비만을 이용하여 재배했다. 가족이 제철 채소를 먹는 것이 목표인 만큼 채소를 키워야 할 최적의 시기를 중심으로 재배 가능한 작물을 소개한다.

무엇을 언제 얼마나 심을지 결정하자

우리 조상들은 4계절을 잘 활용해 겨울에도 푸른 채소를 이용할 정도로 현명했다. 모든 곡식과 채소는 수확하기 적당한 시기가 있다. 그리고 조상들은 절기에 따라 씨를 뿌리고 가꾼 뒤 가장 좋은 시기에 수확을 했다. 이러한 조상들의 지혜가 담긴 곡물과 채소에 맞는 시기는 여전히 유효하다. 텃밭 농사의 중요한 시작은 이처럼 작물이 성장하기 좋은 최적의 시기를 놓치지 않는 것임을 기억하자.

- 텃밭에 심을 작물을 결정한다.
- 수확시기를 체크하고 가족이 함께 먹을 수 있는 양을 정한 뒤 다양한 작물을 심도록 한다.
- 크게 자라는 작물과 자리를 많이 차지하는 작물은 면적과 위치를 결정해야만 효율적인 재배가 가능하다. 이를 통해 보다 합리적인 농사를 지어보자.

키울 작물과 시기가 정해지면 화분 및 상토를 준비하자

플라스틱 화분

가벼워서 운반하거나 다루기가 편하지만 통기성이 나쁘고 과습해지기 쉬워 물 관리에 주의해야 한다.

어린 엽채류는 씨앗을 뿌린 후 3~4주 안에 수확할 수 있다. 따라서 화분의 크기가 작아도 큰 문제가 없다. 그러나 충분한 영양분을 공급해야 작물이 튼튼하게 자라는 만큼 넉넉한 크기의 화분이 필요하다.

일상에서 가장 먼저 시작해볼 수 있는 채소는 상추와 파, 배추 등인데 품종에 상관없이 화분은 일정한 크기와 모양을 가진 화분을 이용하는 것이 공간의 효율성을 높일 수 있다. 각양각색의 화분을 이용하면 공간 활용에서 손해를 보는 부분이나 한 가지 작물을 수확한 후 다른 작물을 심을 때 크기가 맞지 않을 수도 있다. 그렇다고 꼭 비용을 들여 화분을 모두 새로 구입하라는 것은 아니다. 단지 새롭게 텃밭을 시작하기 때문에 모든 것을 새로 준비한다면 이 점을 고려하자.

이 책에서는 일반적인 작물은 15ℓ의 화분을, 엽채류는 7ℓ의 화분을 이용했다. 수확 시기가 가까울수록 작물이 더 크고 잘 자랄 수 있는 환경에는 15ℓ가 조금 부족하다고 느껴질 수 있다. 그러니 여유가 된다면 넉넉하게 20ℓ의 화분을 준비하는 것도 좋다.

화분을 고를 때는 밑바닥에 있는 구멍이 물이 잘 빠지는 구조인지를 확인한다. 너무 큰 구멍은 상토가 쉽게 빠져나갈 수 있으므로 상토가 유실되지 않도록 배수망으로 막아준다.

15ℓ   7ℓ

상토

상토는 식물의 생육에 적합한 물리성, 화학성 및 생물성을 갖춘 물질로, 작물생육에 필요한 각종 양분을 공급해주어 작물이 잘 자랄 수 있도록 하는 중요한 요소이다.

상토를 이루는 재질은 코코피트, 피트모스, 질석, 펄라이트, 제오라이트, 비료이며 육묘를 목적으로 사용되는 배지류를 말한다.

비용을 절약할 목적으로 마당이나 밭에 있는 흙을 아파트 베란다 또는 실내에서 사용할 경우 무거울 뿐만 아니라 잡초 씨앗과 벌레들이 함께 옮겨 병이 발생할 확률이 높으며 물 빠짐 또한 좋지 않아 사용하지 않는 것이 좋다. 이와 같은 이유로 실내 텃밭을 목적으로 한다면 무엇이 들어 있을지 모르는 길가나 산의 흙 대신 원예용 상토를 이용해야 한다.

코코피트   코코넛 껍질의 섬유질을 제거하고 분쇄해 얻는 흙.
피트모스   습지식물의 잔재가 연못 등에 퇴적되어 나온 유기물질.
질석   모래의 1/15 정도 무게로, 가볍고 통기성과 보습력이 뛰어남.
펄라이트   진주암을 가열, 팽창해 만든 인공 토양.
제오라이트   장석류의 미세한 다공 광물질이며 보수력, 보비력 및 배수력이 우수해 유해가스 및 유해물질 흡착력이 높다는 것이 특징.

 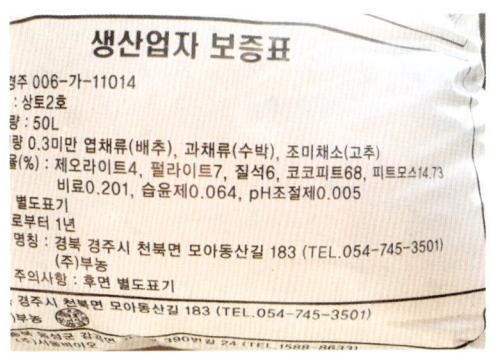

좋은 상토의 조건

- 적당한 보수력 및 보비력.
- 무균, 무충 및 무종자.
- 물리성과 화학성이 변하지 않아야 한다.
- 다루기 쉽고 편리해야 한다.
- 뿌리호흡에 최적인 통기성.
- 토양 산도는 중성에 가까워야 한다.
- 적당하고 균일한 상토 입자 크기.
- 뿌리 엉킴성이 좋아야 한다.

상토 혼합

상토만으로도 3개월 정도는 작물을 재배할 수 있지만 영양분을 조금 더 보강해주면 작물 수확을 풍성하게 할 수 있다.

상토+살균된 일반 흙+발효퇴비를 4:4:2 또는 상토+발효퇴비 8:2의 비율로 배합하여 사용하는데 각자의 여건에 맞춰 상토를 단독으로 사용하기 보단 배합하여 사용하는 게 작물의 생장에 유리하다.

퇴비와 배합한 화분에선 한동안 퇴비냄새가 나면서 바닥에 얼룩이 생기므로 작물을 심기 보름 전 미리 밭 만들기를 한 뒤 충분히 물 주기를 통해 이와 같은 문제를 해결해 놓는다.

물 주기

물조리개 작은 물조리개를 이용할 경우 여러 번 물을 담아 사용하기 때문에 번거롭다면 큰 용량(7~11ℓ)을 선택한다.

물통 물을 받아둘 수 있는 통(100~200ℓ)을 준비한다. 식물에게 가장 좋은 영양소를 함유하고 있는 것은 빗물이며 수돗물을 받아 하루이틀 후에 주는 것도 좋다.

물 주는 방법

- 흙 깊숙이 뿌리내린 뿌리도 젖을 수 있도록 흠뻑 준다. 바닥에 흐를 것을 우려해 화분 위에만 살짝 주면 잎과 땅 표면만 젖고 뿌리 부분에는 물이 닿지 않는다.
- 한꺼번에 물을 쏟아 부으면 주변 흙이 쓸려 나가거나 파이면서 뿌리 부분이 상할 수 있다. 따라서 물을 줄 때는 2~3차례에 걸쳐 비 오듯이 뿌려준다.

주의할 점

물 온도 이른 봄철이나 한여름에는 물 온도가 지나치게 낮거나 높아서 작물에 해를 줄 수 있다. 이른 봄철에는 따뜻한 낮에, 한여름에는 조금 선선한 오전이나 늦은 오후에 물 온도를 확인하고 준다.

보관 물통을 열어두면 이물질이 들어가거나 모기 유충의 서식처가 되므로 빗물을 모으거나 사용 중일 때를 제외하고는 항상 뚜껑을 닫아 놓는다.

모종 심는 시기와 방법

모종을 밭으로 옮겨 심는 일을 '정식' 또는 '모종심기(아주심기)'라고 한다. 모종은 포트 안에서 따뜻하게 자랐기 때문에 노지 텃밭에 옮겨 심다 보면 낮과 밤의 기온 차이를 버티지 못하는 등 갑작스런 환경의 변화에 적응하지 못하고 죽는 경우가 발생할 수 있다.

모종 심는 방법 1

모종판에서 흙이 부서지거나 잔뿌리가 상하지 않도록 조심스럽게 빼낸다.

모종 심는 방법 2

빼낸 모종은 지면과 수평 높이를 맞춰 땅에 묻히도록 심는다. 떡잎까지 깊게 심을 경우 지표면과 너무 가까워 빗물이 튀면서 흙 속에 있던 병균에 감염될 수 있으니 주의하자(텃밭과 화분 모두 동일하다).

씨앗&모종심기 전·후 물 관리

심기 전

심기 하루 또는 반나절 전 밭에 충분히 물을 주어 화분의 흙이 수분을 머금어 촉촉한 상태가 되도록 한다.

심은 후

- 씨앗을 심은 후에는 씨앗이 쓸려 떠내려가지 않도록 주의하며, 비 오듯이 물을 충분히 준다.
- 씨앗의 싹이 나서 뿌리가 충분히 내릴 때까지 2~3일 간격으로 물을 준다.

토양 수분 적응성에 따른 작물 분류

토양에 따른 작물 분류	적절한 채소의 종류
다소 건조해도 잘 자라는 채소	고구마, 수박, 토마토, 땅콩, 들깨, 호박 등
다소 습한 토양에서 잘 자라는 채소	토란, 생강, 오이, 가지, 배추, 양배추 등
습한 토양에서 잘 자라는 채소	연근, 미나리 등

발아특성

광발아 씨앗	빛에 의해 발아가 유도되는 씨앗	상추, 배추, 우엉, 셀러리, 명아주, 차조기, 우엉 등
암발아 씨앗	씨앗이 발아하는데 빛이 필요치 않거나, 빛에 의해서 발아가 억제되는 씨앗	호박(박과작물), 무, 부추, 파, 양파, 가지, 수세미 등

씨앗의 수명

	단명씨앗(1~2년)	중명씨앗(3~5년)	장명씨앗(5년 이상)
농작물류	콩, 땅콩, 목화, 옥수수, 해바라기, 기장	벼, 밀, 보리, 유채	사탕무
채소류	강낭콩, 상추, 파, 양파, 고추, 당근, 삼엽채	배추, 멜론, 시금치, 완두, 무, 호박	비트, 토마토, 가지, 수박
화훼류	베고니아, 팬지, 스타티스, 일일초	카네이션, 시클라멘, 메리골드	접시꽃, 나팔꽃. 백일홍, 데이지

3월에 심는 작물

　처음 텃밭을 시작하는 사람들은 따뜻한 날씨와 함께 싹이 올라오는 시기인 3월이나 4월부터 본격적으로 작물을 심으면 된다고 생각하기 쉽다. 그런데 어떤 작물을 심을지에 따라 2월부터 시작해야 할 수도 있다. 2월에는 작물을 선택하고 흙을 준비한 뒤 작물에 따른 필요 영양 성분을 확인해 준비한 흙에 퇴비를 뿌리는 등 3월부터 심는 작물을 위해 미리 준비를 시작해야 한다.

　밭을 미리 만드는 이유는 풍성한 수확을 하기 위해서이다. 이는 적기에 작물을 심기 위한 것도 있겠지만 작물을 심기 전 적어도 한 3주 정도 미리 밭을 갈아서 암모니아 가스를 충분히 빼주어야 한다. 물론 화분의 경우에는 이보다 짧은 기간으로도 가능하지만 텃밭은 비닐 멀칭을 많이 하기 때문에 멀칭 후에는 가스가 빠져나갈 구멍이 없어지게 되는 것을 고려해 멀칭하기 전 충분하게 가스를 빼주도록 하자.

감자
3월 중순~4월 초

당근
3월 중순~4월 상순

대파
3월 중순, 모종은 5월

미나리
3월 하순~4월 중순

상추
3월 중순~4월 말

양배추
3월 상순~중순

그 외에도 3월에 준비해야 할 작물로는 완두콩, 비트, 얼갈이, 도라지, 더덕 등이 있다.

감자

화분에 조림용 홍감자 키우기

3월의 대표작물로 쉽게 재배 가능한 작물이다.
감자는 봄과 가을에 심을 수 있지만 가을보다는 봄 재배만 추천한다.
가을 감자는 8월 높은 기온에 싹을 틔워야 하고 쉽게 썩어버려 실패할 확률이 높기 때문이다. 반대로 봄 감자는 잘 자라고, 수확 후 다음해까지 먹을 수 있으므로 봄에 충분히 수확한다면 가을 작물을 키울 공간 확보에도 좋다.

환경 조건

싹트는 온도	5℃ 이상
잘 자라는 온도	14~23℃, 덩이줄기가 굵어지는 낮 23~24℃, 밤 10~14℃
물 주기	감자는 과습보다는 비교적 건조한 편이 재배에 유리하다. 그러나 씨감자를 심은 후 새싹이 나올 때와 덩이 줄기가 커질 때는 수분이 부족하지 않도록 적절히 물 주기를 할 필요가 있다.
토양 조건	작토층이 깊고 유기물이 풍부하며, 물 빠짐이 좋고 바람이 잘 통하는 모래참흙이나 참흙이 좋다.
토양 산도	pH 5.0~6.0이 좋다. 알칼리성 토양에서는 더뎅이병이 발생하고, 과도한 산성 토양에서는 흑지병이 발생할 수 있다.

재배 일정

월	1			2			3			4			5			6			7			8			9			10			11			12		
	상	중	하	상	중	하	상	중	하	상	중	하	상	중	하	상	중	하	상	중	하	상	중	하	상	중	하	상	중	하	상	중	하	상	중	하
일정									●								■	■																		

● 씨뿌리기   ■ 수확   ★ 지역에 따라 재배시기가 10일 정도 차이날 수 있음.

3월 중순 ~ 4월 상순 (지역에 따라 다름)
감자 심는 시기는 각 지역에 따라 다르지만 재배 기간을 보통 100일 기준으로 잡아 장마가 오는 6월 하순에 맞춰 수확한다.

씨감자 싹틔우기

감자를 심기 전 적어도 1~2주 전에 씨감자를 구입해 싹을 내어 심어주는 것이 좋다. 가장 무난한 수미감자 품종은 마트나 인터넷 쇼핑몰에서 구입 가능하며, 작년에 먹었던 감자를 남겨 뒀다가 이용하는 것도 상관없다.

15℃ 이상 그늘진 장소에 2주 정도 방치하면 싹틔우기가 가능하며 미리 싹을 틔워 심으면 그만큼 감자 싹도 빨리 올라와 재배기간을 단축할 수 있다.

만약 2주 전에 미를 싹틔우기를 준비하지 못 했다면 싹틔우기 작업 없이 바로 심어도 된다.

씨감자 자르기

계란 크기를 기준으로 씨감자가 더 크다면 세로 방향으로 감자의 눈 2~3개를 확보하여 잘라준다.

잘린 단면에 나무재를 묻혀 소독을 해주거나 심기 3~5일 전에 잘라서 바람이 잘 통하는 곳에 두면 단면이 건조되기 때문에 소독 효과가 나므로 심어도 된다.

작은 텃밭이나 화분의 경우 면적이 적기 때문에 통째로 심거나 감자를 잘라 바로 심어도 별문제가 없다.

감자 심는 방법

감자 심는 간격　25~30cm
감자 심는 깊이　10~15cm

씨감자의 눈이 위를 향하도록 심어준다. 뿌리와 싹이 나올 동안 감자의 수분은 씨감자에서 얻기 때문에 감자를 심고 심하게 가물지 않은 이상 물을 주지 않아도 된다.

화분도 비닐멀칭이 가능하기 때문에 감자를 심고 비닐멀칭을 해주면 초기 냉해 피해와 지온 유지에 좋다.

순지르기 & 북주기 30일

감자의 재배 기간은 보통 100일을 기준으로 잡는데 이를 좀 더 세분화하면 30-30-30일로 나누어 감자의 성장을 파악할 수 있다.

처음 30일은 감자 싹이 올라오는 시기, 중간 30일은 감자의 줄기가 본격적으로 자라는 시기로 이때쯤 감자가 달리기 시작한다. 마지막 30일은 감자가 커지는 비대기이다.

씨감자 파종 후 20~30일 경에 지상부로 싹이 올라오는데 이때쯤 따뜻했던 날씨가 갑자기 새벽에 기온이 영하로 내려가 늦서리가 한두 번 찾아오기도 한다.

예상치 못한 늦서리에 새싹이 냉해를 받아도 시간이 지나면 다시 싹이 나오니 큰 걱정은 하지 않아도 된다.

30일이 지나도 감자 싹이 나오지 않는다면 눈을 잘못 딴 감자이거나, 너무 깊게 심은 감자이다. 이런 경우 새싹이 늦게 나온다.

싹이 지상부에 출현하게 되면 곧바로 잎이 전개되는데 잎의 전개와 더불어 땅

속줄기가 자라게 된다. 그동안 싹은 씨감자로부터 양분을 공급받아 생육하다가 이때부터 능동적으로 토양으로부터 흡수하는 시기이다. 이 시기는 뿌리의 발달이 왕성하고 땅속줄기가 신장하며, 지상부의 잎과 줄기의 생육도 왕성하다.

순지르기는 감자의 줄기와 잎으로 가는 영양분을 차단해 감자로 가게 해서 알을 굵게 만들기 위한 방법이다.

40~50일 정도에 감자의 줄기가 10cm 정도 자랐을 때 순지르기 작업을 진행한다. 올라온 감자의 줄기 개수를 인위적으로 조절하는 방법으로, 한 줄기만 키울 경우 굵은 감자를 만들며 2~3개 줄기는 보통 이상적으로 생각하는 감자 크기와 수량이 만들어진다. 그 이상의 줄기는 감자조림에 쓰이는 작은 알감자 정도의 크기가 많이 생산된다.

감자의 줄기를 뽑을 땐 너무 쎄게 잡아 뽑으면 뿌리가 상할 수 있으므로 살짝 잡고 돌려서 뽑으면 된다. 뽑은 후 북주기 작업을 해주고 1차 북주기 후 5월 말쯤 감자 꽃이 피기 전에 2차 북주기를 해준다.

감자 비대기-60일

감자를 심고 60일 정도 지나면 꽃대가 생기며 꽃이 피기 시작한다.

우리나라에서 재배되고 있는 품종들은 재배기간 중 꽃은 잘 피지만 수정이 이루어지지 않아 열매를 맺는 경우가 드물다. 만일 지상부에 감자 열매가 많이 맺혀 자란다면 감자 수량에 영향을 미치게 된다. 하지만 대부분 핀 꽃은 떨어지므로 재배 기간 중 꽃의 제거작업을 할 필요는 없다.

감자알이 생기기 시작하는 시기는 감자 꽃이 피기 훨씬 이전으로 본격적인 성장을 알려주는 때이다. 감자는 수분이 80% 이상으로 꽃이 피면 튼실한 감자를 생산하기 위해 물의 공급이 필요하다.

5월 말쯤 감자가 토양에 노출되지 않도록 2차 북주기를 해준다.

수확하기 - 90일

90일이 지나면서 잎과 줄기가 누렇게 변하고 주저앉기 시작하면 수확 시기가 된 것이다. 되도록 장마가 오기 전 수확을 해준다.

수확한 감자는 1주일 정도 바람이 잘 통하고 햇빛이 들지 않는 서늘한 곳에서 예비저장을 하면서 상처를 치료하도록 한다.

감자는 표면이 흠집이 없거나 적고 매끄러운 것이 좋으며 싹이 나거나 녹색이 도는 것은 먹지 않는 것이 좋다. 설사와 복통, 두통을 일으키는 솔라닌 성분 때문이다.

좀 더 오래 보관하고 싶다면 바구니에 사과와 함께 담아 바람이 잘 통하는 곳에 보관하면 싹이 나는 것을 늦출 수 있다.

감자는 비타민C가 풍부하며 단백질 함량은 낮지만 사람에게 필요한 필수 아미노산을 모두 포함하고 있어 질 좋은 단백질의 공급원이기도 하다.

당근

페트병에 당근 키우기

당근은 봄과 가을재배가 가능한 작물로 저온에서 강하고 고온에는 약하다.
그러므로 한여름만 피해서 봄과 가을, 1년에 2번 재배가 가능하다.
다른 작물에 비해 재배기간이 한 달 정도 긴 편이지만 초기에 싹만 잘 나온다면
병충해가 없어 키우기 쉬운 작물이기도 하다.

환경 조건

싹트는 온도 15~30℃

잘 자라는 온도 18~21℃ ※ 28℃ 이상이나 3℃ 이하에서는 생육이 정지되거나 제대로 생장하지 않으며 12℃ 이하에서는 당근 뿌리의 색깔이 잘 착색되지 않는다.

햇빛의 세기 빛의 양에 큰 영향을 받지는 않지만 햇빛을 충분히 쪼여주는 것이 좋다.

토양 조건 수분을 잘 보유하고 물 빠짐도 잘되는 양토 또는 식양토가 좋다.

토양 산도 pH 5.3~7.0을 유지해야 하고 pH 6.0~6.6에서 잘 자란다.

 ### 재배 일정

월	1			2			3			4			5			6			7			8			9			10			11			12		
	상	중	하	상	중	하	상	중	하	상	중	하	상	중	하	상	중	하	상	중	하	상	중	하	상	중	하	상	중	하	상	중	하	상	중	하
봄									●	●			★					▨	▨	▨																

● 씨뿌리기   ★ 솎음하기   ▨ 수확

봄 재배는 각 지역마다 다르다. 보통 벚꽃이 피는 시기를 기준으로 하면 좋으며, 가을 재배는 장마가 끝날 즈음해서 파종하면 된다.

씨뿌리기

당근은 발아율이 조금 낮은 편이므로 씨앗의 양을 넉넉하게 준비한다. 모종으로 키우지 않고 직접 파종하는 이유는 모종으로 이식할 경우 당근의 뿌리가 2~3개로 갈라져 좋은 당근 수확이 어렵기 때문이다.

당근 씨앗은 점뿌림과 줄뿌림 파종 방법을 이용한다.

씨앗은 광발아성 씨앗으로, 파종 후 흙을 0.5~1cm 두께로 얇게 덮어 준다.

파종 후 충분히 물을 흡수할 수 있도록 사진과 같은 저면관수 상태에서 몇 시간 놔둔다.

당근은 싹틀 때 수분이 많이 필요하므로 씨앗을 뿌린 후 겉흙의 수분을 유지해주면 발아가 빠르고 고르게 올라온다.

싹트는 기간은 보통 8~10일이 소요되지만 충분한 조건을 갖추지 못했을 경우 더 오랜 시간이 걸릴 수도 있다.

솎아주기

당근은 솎음 없이 그대로 키울 경우 좋은 당근을 수확할 수 없다. 따라서 당근 솎기를 철저히 해줘야 한다. 솎아내기를 못하면 공간이 부족해 크게 자라지 못하고 모양이 볼품이 없어지므로 당근 사이의 간격은 10~12cm 정도를 유지한다.

씨앗을 뿌린 후 30~40일 정도가 되었을 때 본 잎이 3~4매 상태라면 2~3포기만 남기고 뿌리째 첫 번째 솎아내기를 한 후 다시 10~15일이 지나면 두 번째 솎아내기를 한다.

1차 솎음 때는 2~3포기를 남긴다.

2차 솎음 때는 노지 텃밭이라면 10cm의 간격(재식거리)을 두고 1포기만 남긴다.

북주기

당근이 자라면서 햇볕에 노출되면 섬유질 층이 지나치게 발달해 단단해지면서 식용의 가치가 떨어지므로 여분의 흙을 덮어 방지해주는 것이 좋다.

물 주기

당근은 발아할 때 물을 많이 필요로 하지만, 일정하게 자라면 자주 주는 것이 아니라 흙이 말랐을 경우에만 물 주기를 하면 된다. 지나치게 자주 주면 잔뿌리가 많이 발생하고, 표면이 거칠어진다. 이를 방지하기 위해 겉흙이 마를 때 물을 주는 것이 좋다.

노지 텃밭이라면 물 주는 간격은 7~10일, 화분은 잎이 처져 생기가 없거나, 화분을 들었을 때 가볍다고 느껴진다면 기간에 상관없이 수시로 줘야 한다.

수확하기

파종 후 90~110일이 지나는 4개월 전후로 모두 수확한다. 보통 본격적으로 더워지는 7월 초순을 넘기지 않는다.

당근의 수확적기를 판단하기 어려우면 뿌리와 줄기가 나누어지는 당근 어깨를 본다. 그 부분이 평평하다면 수확적기이고, 아직 둥근 부분이 많으면 좀 더 기다린다.

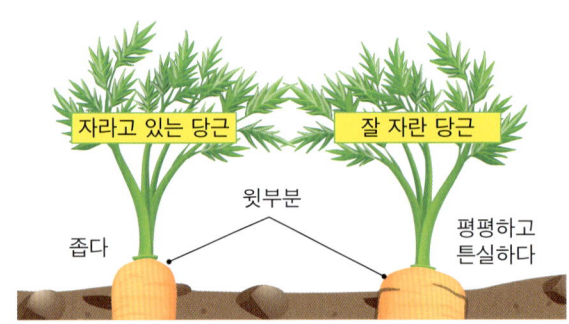

수확 방법은 아랫부분을 잡고 힘껏 당겨 올리면 된다.

당근 뿌리는 햇볕에 장시간 노출될 경우 표면이 붉게 변할 수 있으므로 뽑은 후 너무 오래 햇볕에 노출시키지 않도록 한다.

당근은 주황색이 진하고 선명할수록 영양소가 풍부하며 매끈한 것이 단맛이 강하다.

당근에 풍부한 베타카로틴은 노화 방지 및 암 예방, 항산화 효과에 좋으며 루테인 성분도 풍부해 눈 건강에 좋다고 알려져 있다. 이와 같은 효능을 높이기 위해 가장 잘 알려진 섭취 방법은 사과와 함께 먹거나 지용성 비타민 성분이므로 기름에 살짝 볶아 먹는 것이다.

대파

집에서 화분에 1,000원 짜리 다이소 대파 키우기

우리나라 요리에 자주 이용되는 식재료인 대파는 더위와 추위에도 강하며
재배 과정에서 별다른 병충해도 없기에 도전하기 좋은 채소이다.
마트에서 사온 대파는 수경재배를 할 경우 뿌리 부분이 서서히 물러지면서 급격히 썩기
시작해 악취가 발생하니 오랫동안 키워 먹을 목적이면 가급적 화분에서 키우는 것이 좋다.

환경 조건

싹트는 온도	15~25℃가 적온이며 이보다 더 낮거나 높으면 발아가 불량하다.
잘 자라는 온도	20℃ 내외이며 고온기인 여름에는 생육이 저조하다.
자라는 데 방해 온도	5℃ 이하, 35℃ 이상.
토양	토심이 깊고 물 빠짐이 잘되는 토양이 좋다.
토양 산도	pH5.7~7.4로 토양 적응성이 크다.

 ### 재배 일정

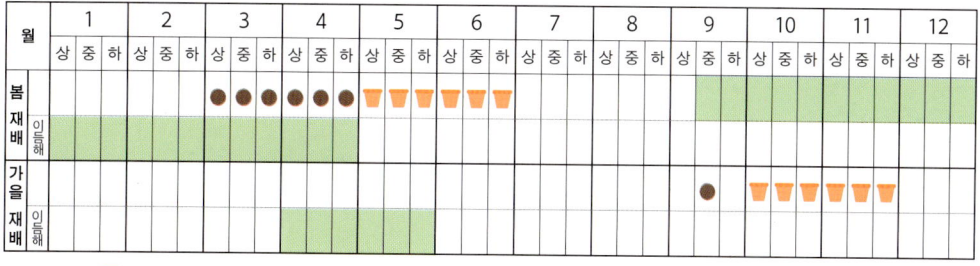

씨뿌리기

파종은 씨앗을 묘상에 흩어 뿌리는 방법, 10cm 간격으로 파종 골을 만들어 씨를 뿌리는 줄파종, 상토를 채운 트레이에 구당 3~4립씩 파종하는 방법이 있다.

대파는 암발아성 씨앗으로 파종한 후 물을 충분히 준 다음 볏짚, 비닐, 부직포, 신문지 등으로 덮어 보온과 수분을 유지시키고 발아가 되면 매일 물을 충분히 준다.

비닐봉지로 빛을 차단하고 수분을 유지시킨다.

10일 정도면 싹이 나온다.

사진처럼 직접 모종을 키우는 것은 많은 시간이 소비되므로 씨앗으로 직접 기르는 것보다 모종을 사다 심는 것이 편하다.

씨앗이 발아하면 한 달 이상 더 키워 화분에 옮겨 심으면 된다.

대파 모종심기

대파 씨앗으로 모종을 키우려면 3월 중순에 파종하고 모종은 5월 상순부터 옮겨 심는다. 대파는 다른 작물과 다르게 추운 겨울을 제외하고 연중 정식할 수 있다. 대부분 5월에 정식해 가을 김장철에 맞춰 수확한다.

대파를 약간 비스듬히 심어주면 며칠 지나면 곧게 일어난다. 대파는 길게 자라기 때문에 10cm 간격을 유지하며 대파의 흰 줄기 부분까지 심어주는 것이 중요하다. 심고 30일 정도가 되면 1차 북주기를 하고 다시 30일이 지나면 2차 북주기를 해준다.

정식하는 모종의 키가 크면 심었을 때 쓰러질 수 있으며 쓰러진 잎이 다시 일어나는 데까지는 오랜 시간이 걸리기 때문에 윗부분을 잘라주는 것이 좋다. 또는 예쁘게 순이 나오도록 대파를 키우기 위해 잘라서 심어주는 경우도 있다.

수확하기

파는 수확기가 정해져 있지 않다. 파의 크기에 따라 실파, 중파, 대파로 구별하며 모종을 심은 후 40~50일이 지나면 파의 식미를 느낄 수 있기에 조금씩 수확할 수 있다.

화분에 키운 파는 수확을 할 때 뿌리째 뽑지 말고 뿌리로부터 10cm 위에서 잘라 수확하면 다시 파가 자라기 시작한다. 이렇게 하면 여러 번 수확할 수 있다.

대파 씨앗 채종

　대파는 추운 겨울에도 푸른 상태로 있지는 않지만 다년생 채소이므로 봄이 오면 다시 새싹이 올라오는 작물이다. 겨울에는 동면을 하고 4월부터 추대가 올라오기 때문에 씨앗을 채종하고 싶다면 4월이면 피는 꽃을 두었다가 5월에 씨앗을 채종할 수 있다.

　채종 후 1년 이상 된 대파 씨는 발아가 잘 되지 않기 때문에 올해의 대파 씨는 가급적 다음해 파종하는 것이 좋다.

미나리

마트 미나리 번식과 키우는 방법(7개월)

미나리과는 어느 환경에서나 잘 자라는 작물이므로
시기에 크게 구애받지 않고 키울 수 있기 때문에 베란다나 화분 구분 없이
가정에서 쉽게 키울 수 있다.
다만 물을 좋아하기 때문에 수분관리에 신경 써야 한다.

환경 조건

잘 자라는 온도	22~24℃ 최고도 30℃ 저장적온 0℃(습도: 90~90%)
햇빛의 세기	내음성이 약하여 충분한 일조가 필요하다.
토양 조건	호습성이므로 물기가 많은 곳이면 어디서나 재배 가능하다.
토양 산도	pH6~7 정도의 약산성 토양에서 잘 자란다.

 재배 일정

월	1			2			3			4			5			6			7			8			9			10			11			12		
	상	중	하	상	중	하	상	중	하	상	중	하	상	중	하	상	중	하	상	중	하	상	중	하	상	중	하	상	중	하	상	중	하	상	중	하
일정									🪴	🪴	🪴				🟩	🟩	🟩	🟩				🪴	🪴				🟩	🟩	🟩	🟩						

🪴 옮겨심기 또는 정리하기　🟩 수확

씨뿌리기

미나리의 어미포기를 뿌리째 캐내어 심거나 마트에서 구입한 미나리의 마디를 기준으로 6~9cm로 절단한 후 노지텃밭은 20~30cm 간격으로, 화분은 촘촘히 얕게 묻는다. 여름에는 빛이 강해 미나리의 줄기가 녹아버리니 반그늘로 옮겨 기르도록 한다.

물 주기

내음성(음지에서도 광합성 가능한 식물)이 비교적 약하므로 충분한 일조를 요구하며 수생식물이기 때문에 물이 많은 환경을 좋아하므로 충분히 물을 준다. 특히 저면관수를 통해 물을 공급하면 미나리를 오랫동안 재배하며 수확할 수 있다.

봄, 여름, 가을재배가 모두 가능하지만 가을에는 낮의 길이가 짧아 줄기의 길이가 짧아지고 질겨지는 경향이 있다.

수확

미나리의 육묘기간이 50~60일인 것을 감안하여 3월 상순경에 파종하고 5월 상순경에 정식한다. 봄 재배 시에는 정식 35일 후에 수확이 가능하다.

상추

씨앗으로 상추 키우기

처음으로 채소 재배를 시작할 때 가장 많이 추천하는 작물이 상추다. 상추는 우리 식탁에 자주 오르는 채소이며 키우기도 쉽고 다른 작물과 다르게 여러 번 잎을 따먹을 수 있으며 추대가 올라오기 전까지 수확이 가능한 작물이다. 우리나라에서는 주로 잎상추를 먹는데 봄·가을의 대표적인 재배 품종으로 치마상추, 뚝섬녹축면상추, 적축면상추 등이 있다. 여름철에는 비교적 고온기를 잘 견디는 청상추를 재배하면 좋다.

환경 조건

상추는 서늘한 기후를 좋아하는 호냉성 채소로, 보통 5~20℃ 정도에서 잘 자란다. 따라서 더위에 약하여 생육기간 중 온도가 높아지게 되면 쓴맛이 증가하고, 꽃눈 형성이 빨라져 꽃대가 올라온다.

햇빛의 세기 재배 조건에 낮의 길이는 그다지 문제되지 않는다. 일조량이 좀 부족하더라도 재배는 가능하다. 하지만 햇빛을 충분히 받을 수 있다면 더 풍성하게 키울 수 있다.

토양 조건 통기성과 수분 함량이 충분한 토양이라면 어디서든 잘 큰다.

토양 산도 pH 5.7~7.2 정도가 좋으며 pH 5 이하의 산성 토양에서 생육이 저하된다.

재배 일정

월	1			2			3			4			5			6			7			8			9			10			11			12		
	상	중	하	상	중	하	상	중	하	상	중	하	상	중	하	상	중	하	상	중	하	상	중	하	상	중	하	상	중	하	상	중	하	상	중	하
봄 재배										●				🪴		🟩	🟩	🟩	🟩	🟩	🟩															
여름 재배																●				🪴		🟩	🟩	🟩												
가을 재배																						●				🪴		🟩	🟩	🟩	🟩	🟩	🟩			

● 씨뿌리기　🪴 모종심기　🟩 수확

텃밭 대표작물인 상추의 경우 여름과 추운 겨울을 제외하고 언제든 모종을 구입해 정식해도 좋다.

상추는 추위에 상당히 강한 작물이기 때문에 봄 상추는 5월 초부터 수확을 시작하고 가을 상추는 영하 이하로 떨어지지 않는 한 12월까지 수확이 가능하다.

씨뿌리기

대표적인 광발아성 씨앗인 상추는 파종 후 흙을 얇게 덮어주고 빛은 5-8시간 이상 충분히 쪼여야 발아율을 높일 수 있다. 씨앗은 소량만 파종해도 부족함 없이 먹을 수 있으니 씨앗을 많이 뿌릴 필요는 없다.

만약 3월 파종 후에 보름 정도 간격을 두고 4월 파종을 하면 시간을 두고 6월까지 신선한 잎을 수확할 수 있다.

씨앗으로 모종을 키우기가 번거롭거나 작은 화분에 키울 거라면 종묘상이나 꽃가게에서 구입해 심으면 편리하다.

씨앗 파종.

6일 후 씨앗 발아 모습.

모종심기 (정식)

씨를 뿌린 후 발아해서 본 잎이 5~6장 정도 나오는 1달 정도면 화분에 옮겨 심을 수 있다.

상추 모종의 간격은 20×20cm를 유지해주고 뿌리와 토양이 밀착되도록 심어준 뒤 물을 충분히 준다. 간격이 좁을 경우 스트레스를 받으며 병해충 발생 시 옮길 수 있으니 너무 좁게 심지 말자.

종종 작은 화분에 간격마저 좁게 심는 경우를 보는데 잎을 크게 키울 생각이라면 5~7ℓ 정도 용량의 화분에 키우는 것을 추천한다.

상추 모종.

5ℓ 화분에 모종심기.

물 주기

상추는 잎이 시들지 않도록 수분을 유지해준다.

기온이 25℃ 이상 올라갈 때 야외에서 키운다면 매일, 베란다에서 키운다면 2-3일에 한 번 정도 물을 주어야 한다. 화분을 들었을 경우 가벼운 느낌이 든다면 물을 듬뿍 주기 바란다.

가정마다 재배 환경이 다르기 때문에 자세히 관찰하면서 물 주는 주기를 알아두어야 한다.

수확하기

정식 후 30일 정도부터 수확이 가능하며, 묘가 활착되어 왕성한 생육을 보이기 시작하면 아랫잎부터 차례로 뜯어 수확한다. 보통 날씨가 뜨거운 6월 중순까지 수확할 수 있다.

수확은 공기가 통하도록 새순만 남겨두고 떼어내는 것이 중요하고, 잎을 떼어낼 때 끝단이 남아 있지 않게 바짝 따준다.

추대

상추는 추위에 강한 작물이기 때문에 조금 일찍 심는 것이 오래도록 상추를 수확해 먹을 수 있는 방법이다. 너무 늦게 심을 경우 본격적인 더위가 시작되는 6월에 추대가 올라오기 때문에 일찍 심는 것이 좋다.

6월 하순부터 서서히 잎이 단단해지고, 색도 변하기 시작한다. 이때가 수확이 끝나는 시점으로, 꽃대가 올라와 꽃봉오리가 보일 때쯤이면 질기고 쓴맛이 나기 때문에 뽑아버리거나 8월에 씨앗을 채종하여 가을에 맞춰 다시 파종할 수도 있다.

씨받기

요즘은 씨앗 값이 비싸다. 때문에 겨울까지 계속 상추를 먹고 싶다면 8월 하순에 꽃이 지면 상추씨앗이 들어 있으니 사진처럼 채종해주면 된다. 줄기를 잘라 2~3일 정도 말려 8월에 다시 파종하거나 채종하지 않고 그대로 두어도 그 자리에 씨앗이 떨어져 자연 번식을 하게 된다.

 Tip

여러 종류의 쌈채소는 상추와 재배 방식이 같아 어려움 없이 재배가 가능하다.

꽃상추.

적생채.

로메인.

양배추

3월에 파종한 양배추 키우기

양배추는 1년에 두 번 봄재배와 여름재배가 가능한 작물로
모종을 구입해 정식하면 재배기간도 줄일 수 있다.
재배과정 중 청벌레로 인한 피해가 엄청나지만 이것만 잘 방제하면
특별한 병이 없기 때문에 어려움 없이 양배추를 키울 수 있다.

환경 조건

싹트는 온도	25℃
잘 자라는 온도	15~20℃이고 25℃ 이상의 고온에서는 생육이 느려진다.
햇빛의 세기	서늘한 기후를 좋아하며 저온성 채소로 생육 초기에는 고온에 잘 견디나 결구기에는 고온에 약하다.
토양 조건	적당한 습도의 상태를 항상 유지할 수 있으면서 배수도 좋고 깊은 토양이 좋다.
토양 산도	토양 산도는 pH5.5~6.8이 알맞고 산성 토양에서는 병해 발생 증가.

재배 일정

월	1			2			3			4			5			6			7			8			9			10			11			12		
	상	중	하	상	중	하	상	중	하	상	중	하	상	중	하	상	중	하	상	중	하	상	중	하	상	중	하	상	중	하	상	중	하	상	중	하
봄재배								●				▼							■																	
여름재배																	●			▼										■						

● 씨뿌리기 ▼ 모종심기 ■ 수확(중부지역 기준)

보통 양배추는 봄에 재배를 많이 한다. 봄재배는 어렵지 않지만 씨앗으로 파종하는 방법보다는 모종으로 구입하는 방법이 훨씬 유리하다.

봄재배의 경우 온상에서 육묘하여 4월 하순~5월 초에 정식하고 7~8월에 수확하는 작형이다. 생육이 진행됨에 따라 기온이 상승하여 재배하기 힘들어지므로 되도록 내서성, 내병성이 강한 조생품종을 선택하는 것이 좋다.

가을재배는 고온기인 7월에 파종하여 가을의 적온기에 결구를 완성시키는 작형으로, 생육 초기의 고온에 견딜 수 있어야 하고 생육기간 중 비교적 적은 일조 시간에서도 결구가 잘되는 품종을 선택해야 한다.

모종 기르기

파종

봄·가을 재배 시기에 따라 적합한 시판 씨앗을 구입해 상토를 넣은 육묘상자에 3cm 간격으로 2립씩 파종한 뒤 물을 듬뿍 준다.

육묘

봄재배를 한다면 파종 후 온도 관리에 신경 쓴다. 특히 야간에는 보온 대책을 마련하고, 낮에는 햇볕이 잘 드는 곳에 두고, 물이 마르지 않도록 관리한다. 약하게 자라난 묘는 솎아내기 해준다.

정식

4월 하순에서 5월 상순에 묘가 5cm 정도 자랐을 때, 밭으로 옮겨 심는다. 이때 모종의 뿌리에 붙은 흙을 최대한 살려 옮긴다.

물 주기

정식 후 수확기까지 주기적으로 물 주기를 하고, 수시로 양배추의 생육 상황과 병충해 발생 여부를 주의 깊게 살핀다.

양배추의 청벌레 관리

양배추를 재배할 때 가장 어려운 것은 충 방제다. 봄재배를 한다면 5월에는 아직은 벌레가 많지 않지만 기온이 올라갈수록 눈에 띄기 시작한다. 생육기 동안 수시로 벌레가 발생했는지 관찰하여 양배추 전용 농약으로 방제하거나, 한랭사를 씌워 나비가 알을 까지 못하도록 차단하는 방법이 있다.

수확하기

손바닥으로 위에서 눌러보아 단단하면 결구가 된 것이므로 수확하면 된다. 결구가 되기 전에 잎을 수확해서 먹으려면, 바깥쪽 잎을 한 번에 2~3장 정도 떼어서 수확하면 된다. 이때 지나치게 많은 바깥 잎을 수확하게 되면 결구가 쉽게 되지 않으니 유의해야 한다.

4월에 심는 작물

　보통 4월에 심는 작물은 모종보다는 파종하는 경우가 많다. 아직까진 늦서리와 밤의 기온이 낮아 작물이 생육하기에는 위험 요소가 많다. 하지만 본격적인 텃밭 가꾸기의 시작은 4월에 이루어져야 한다.

　4월은 5월의 모종 정식을 위해 밭을 만들고 작물의 위치를 잡아주는 계획을 세우는 등 효율적인 농사를 짓고 무엇보다 텃밭의 활용도를 높일 수 있도록 미리미리 준비하는 달이기도 하다.

 땅콩
4월 중순

 생강
4월 하순

 수박
4월 중순

 수세미
4월 중순

 옥수수
4월 중순

 참외
4월 하순

 청경채
4월 하순

 토란
4월 중순~5월

 토마토
4월 중순~5월 상순

그 외에도 4월에 준비해야 할 작물로는 시금치, 호박, 여주, 옥수수, 잎들깨, 양상추, 적상추, 로메인상추, 부추, 쑥갓, 수박, 토마토, 참외, 메론 등이 있다.

땅콩

고소한 땅콩 키우기

콩과에 속하는 일년생 초본식물로 땅속에서 나는 콩이라 하여 '땅콩'이라 불린다. 노란 땅콩 꽃이 지면 줄기가 땅을 향해 길게 자라 땅속에 박히듯 자리 잡은 뒤 그 끝에 땅콩이 여문다. 그래서 땅콩을 낙화생落花生이라고도 부르는데 꽃이 떨어진 자리에 생긴다는 의미이다. 땅콩을 키울 때는 석회가 부족하면 빈 꼬투리가 생기기 쉬우므로 반드시 석회를 넣어 준다.

환경 조건

싹트는 온도	23~25℃
잘 자라는 온도	25~30℃
햇빛의 세기	고온에서 잘 자라고, 햇빛이 부족하면 생장과 꼬투리형성이 부진하다.
토양 조건	배수가 좋은 양토 또는 사양토에서 잘 자란다.
토양 산도	pH 6.8

 재배 일정

월	1			2			3			4			5			6			7			8			9			10			11			12		
	상	중	하	상	중	하	상	중	하	상	중	하	상	중	하	상	중	하	상	중	하	상	중	하	상	중	하	상	중	하	상	중	하	상	중	하
보통 재배											♠	♠	♠	♠												■	■	■	■	■						

♠ 파종 및 정식   ■ 수확

씨앗심기

땅콩은 다른 작물에 비해 재배 기간이 상당히 긴 편이고, 석회가 부족하면 빈 꼬투리가 생기기 쉬우므로 밭 만들기 전 반드시 석회를 넣어 준다.

땅콩 심는 시기는 4월 중순~5월 초 사이이며 19~20℃ 정도 올라야 싹이 자라므로 땅콩 씨앗을 구해 심는다.

파종은 하루 정도 씨앗을 물에 불린 후 1cm 깊이로 심는다.

포기 사이는 30cm 간격을 유지하며 3cm 깊이로 심어주는 것이 좋다. 땅콩을 심을 때는 둥근 부위가 위로 향하도록 심어준다.

땅콩 꽃

개화 시기는 지역에 따라 조금씩 다르지만 노란색의 꽃은 6~9월까지 핀다. 꽃자루가 없으며 나비 모양의 꽃의 대처럼 보이는 꽃받침통 끝에 꽃받침조각과 꽃잎 및 수술이 달린다. 꽃받침통 안에 1개의 씨방이 있고 실 같은 암술대가 밖으

로 나오며, 수정이 되면 뿌리처럼 생긴 씨방자루가 길게 자라서 땅속으로 들어가 열매를 맺는다(아래 왼쪽 사진 참조).

씨방자루

꽃이 지면서 길게 땅을 향해 내리뻗은 씨방에서 기다란 뿌리 같은 것이 땅으로 뻗어 내리기 시작한다. 이를 전문용어로 '씨방자루'라고 부른다. 단단한 씨방자루 끝에 수정된 밑씨가 들어 있다. 끝부분이 땅속으로 완전히 들어갈 때까지 씨방자루는 계속 자란다.

땅속에 들어간 씨방은 4~5일이면 누에고치 모양의 꼬투리를 형성한다. 한 개의 꼬투리 안에는 1~3개의 열매가 들어 있다.

이 시기에는 씨방이 흙 속으로 들어가기 쉽게 북주기를 해준다. 비닐 멀칭한 상태라면 피복을 벗겨내고 흙으로 북주기를 하면 더 많은 수확을 할 수 있다.

물 주기

씨방 줄기가 땅속으로 들어간 뒤부터 한 달 동안이 수분이 가장 많이 필요한 시기이므로 날씨가 건조하다면 물을 충분히 준다.

수확하기

파종 후 5개월 정도 지나면 수확이 가능하다. 5월에 파종하면 9월 하순에서 10월 상순 정도에 수확할 수 있다. 땅콩 수확은 반드시 첫서리가 오기 전에 끝내야 한다.

땅콩을 수확할 시기를 알 수 있는 방법은 두 가지가 있다.

땅콩 잎이 마르고 갈색으로 변하거나, 1~2포기 뽑아서 꼬투리 그물 모양이 또렷해졌는지를 확인하고 수확 시기를 결정한다.

땅콩을 뿌리째 뽑아 수확을 했다면 뿌리가 남아 있는 흙 속에 미처 뽑혀 올라오지 못한 땅콩이 남아 있을 수 있으니 흙을 파헤쳐 남은 땅콩을 찾아본다.

수확한 땅콩 중에서 발아를 시작한 땅콩과 변색된 땅콩이 있으면 골라내 버린다.

땅콩 말리기

땅콩을 뿌리째 뽑아 흙은 털어 내고 그늘에서 일주일간 말린다. 그대로 말리면 잎의 수분이 천천히 땅콩까지 내려와 땅콩이 더 잘 여문다.

화분에 소량을 키웠다면 수확 직후 바로 물로 씻어내도 된다. 흙이 마르기 전이므로 깨끗하게 씻어낼 수 있다. 잘 씻은 땅콩은 줄기에서 분리해 통풍이 잘 되는 그늘진 곳에서 3~7일 정도 말려준다.

잘 말린 땅콩은 흔들었을 때 소리가 나며 까기도 쉽고 볶았을 때 식감도 더 좋으니 충분히 건조하는 것이 좋다.

생강

집에서 화분에 혼자 먹을 1년 치 생강 키우기

생강은 발아 기간이 길고, 발아율이 낮기 때문에 키우기가 어려운 작물이다.
발아를 시킨다고 해도 다른 작물에 비해 재배 기간도 길어 인내심을 필요로 하지만
일단 발아만 되면 병충해 없이 무난하게 키울 수 있는 작물이다.
그리고 특별히 많이 쓰지만 않는다면 화분 하나로 1년간 먹을 수 있는
생강 수확이 가능하기 때문에 충분히 도전해볼 만한 작물이다.

환경 조건

싹트는 온도	25℃에 씨눈이 가장 굵고 충실하게 잘 자람.
잘 자라는 온도	25~30℃
햇빛의 세기	생강은 반음지성 식물이기 때문에 일조량이 많지 않아도 키울 수 있다.
토양 조건	토양 적응성은 넓으나 사양토나 양토에서 수량성이 좋다. 이어짓기하면 근경부패병이 심하게 발생하므로 3~4년 간격으로 윤작해야 한다.
토양 산도	pH 6.0~6.5가 적당하고 4.3 이하에서는 생육 불량.

 재배 일정

월	1			2			3			4			5			6			7			8			9			10			11			12		
	상	중	하	상	중	하	상	중	하	상	중	하	상	중	하	상	중	하	상	중	하	상	중	하	상	중	하	상	중	하	상	중	하	상	중	하
일정												●	●															■	■	■	■	■	■			

● 씨뿌리기　■ 수확

생강 싹 틔우기

생강을 바로 심으면 싹을 틔우는 기간이 한 달~한 달 반 정도 필요하다. 이처럼 발아까지 오랜 시간이 걸리므로 싹이 나올 때까지 흙이 마르지 않도록 관리해줘야 한다.

바로 심지 않고 싹을 틔워 심으면 잎이 빨리 나오고 생육기간이 길어져 튼실한 생강 수확이 가능하다.

싹을 틔워 심고 싶다면 방법은 다음과 같다.

생강이 없다면 먼저 씨생강을 구매한다. 이때 씨생강은 상처 없는 것을 구입하도록 한다. 만약 이미 싹이 올라오고 있는 생강이 있다면 씨생강으로 매우 적합하다.

다음으로는 사진처럼 비닐 안에 생강을 넣어서 흙으로 덮거나 거적을 덮어 약간의 수분을 유지한 채 햇빛이 잘 드는 따뜻한 곳에 둔다.

생강 심기

씨생강은 싹이 2~3개씩 유지되도록 하면서 생강이 크다면 20~60g 정도의 크기로 자른다.

수분이 있는 상태로 자른 생강을 바로 심으면 부패할 수 있으므로 2일 정도 말린 후 심는다.

파종할 때는 씨눈이 위로 올라오게 2~2.5cm 깊이로 덮어주고, 포기 간격은 25~30cm를 유지해서 심어준다.

생강은 반음지성 식물이므로 햇빛 양이 많지 않아도 키울 수 있는 작물이다. 심은 뒤 볏짚(3~4cm 두께)이나 부직포, 검은비닐을 덮어주면 건조해지는 것을 방지하고 잡초 발생을 억제할 수 있다.

노지 텃밭.

파종 후 7~8주가 지나면 잎이 나온다. 여름철, 온도가 높고 수분이 많아지면 뿌리썩음병이 생길 수 있으므로 주의한다.

수확하기

생강 수확 시기는 10~11월경 잎이 노랗게 변하고 생강이 땅 위로 보일 때가 수확 적기다.

포기를 손으로 뽑아도 되지만 땅이 단단하여 잘 뽑히지 않는다면 호미를 이용해 상처가 나지 않도록 캐 준다. 수확한 생강은 신문지에 싸서 냉장 보관하거나 박스에 담아 흙으로 살짝 덮어 서늘한 장소에 보관하면 좋다.

생강 · 69

수박

옥상에서 수박씨를 심어 수박키우기

개인적으로 작물 중에 가장 재미있는 게 수박이라고 생각한다.
화분에 키우는 수박은 텃밭보다는 크기의 한계가 있지만 직접 재배해 먹는 재미와
그 싱싱한 달콤함은 시중의 수박과 비교하기 어려울 정도이다.
그래서 매년 빠지지 않고 재배하고 있다.

환경 조건

- 호온성 작물로 고온에서 생육이 양호하다.
- 건조에는 강하나 다습에는 약해 피해 발생.
- 연작을 싫어하는 기지성忌地性이 강한 작물로 반드시 윤작을 해야 한다.

생육 적온 25~30℃

토양 조건 토양은 통기성이 좋으며 물이 잘 빠지는 곳이 좋다.

토양 산도 pH 5.0~6.8이 적당하다.

 재배 일정

월	1			2			3			4			5			6			7			8			9			10			11			12		
	상	중	하	상	중	하	상	중	하	상	중	하	상	중	하	상	중	하	상	중	하	상	중	하	상	중	하	상	중	하	상	중	하	상	중	하
일정											●										수	수	수	수												

● 씨뿌리기   ▮ 모종심기   ▮ 수확

씨뿌리기

씨앗에 충분한 수분을 준 뒤 용기에 담아 25~30℃ 되는 어두운 장소에 1~2일 두었다가 싹의 크기가 1~2mm 정도 되면 트레이에 파종한다. 사진을 보면 뿌리 주변에 하얀 싹이 보이는데 후에 뿌리가 되는 것이므로 손상되지 않도록 조심하며 싹의 끝이 아래로 향하도록 파종한다. 28~30℃ 정도가 싹이 나오는 좋은 온도이며 4~5일이면 씨앗 껍질을 벗고 떡잎이 지상부로 나온다. 만약 이 시기의 온도가 너무 높으면 웃자라기 때문에 25℃ 내외로 온도를 맞춘다. 본잎이 4~5매가 될 때까지 모종으로 키운다(오른쪽 사진 참조).

순지르기

본잎이 4~5매 될 때 순지르기를 해 곁순을 2~3개 받아 키우다가 20~30cm 정도 자라면 길이가 같은 두 개의 곁순을 남겨 유인한다.

원줄기 순지르기.

곁순 2개를 키워준다.

1과를 착과시키는 것이 보통이므로 포기 사이의 간격을 50cm 정도로 하고 폭을 2m로 준비한다.

유인한 두 개의 줄기에서 15~20절 부근에 착생되는 2~4번 암꽃에 착과시키는 것이 좋다. 노지에서는 자연수분이 가능하지만 확실한 착과를 위해서는 꽃이 핀 날 아침(8~9시 전) 수꽃의 꽃가루를 암꽃의 암술머리에 가볍게 문질러 준다.

고온과 강한 광선을 좋아하는 수박은 저온, 일조 부족이 되면 착과시키기 어렵고 과실 비대가 불량하게 된다.

암꽃.

수꽃.

인공 수분.

수분이 되지 않은 암꽃은 노랗게 변해 점점 말라비틀어진다.

물 주기

모종심기 때 충분히 물을 준 뒤 2~3일 정도 물 주기를 멈춘 뒤 다시 착과 전까지 충분히 물을 준다.

수확이 가까워지면 일기예보를 참고하여 수확하기 일주일 전 물의 공급을 중단해 열과 및 당도를 높혀 준다.

수확하기

과실의 성숙일수는 착과 후 대과종은 40~45일이고, 소과종은 33~37일이다. 암꽃에 수정 작업을 해준 날짜를 적어두고 수확 날짜를 계산하면 수확하기 좋다(아래 왼쪽 사진 참조). 수확적기를 판단하는 방법은 다음과 같다.

착과한 마디의 덩굴손이 말랐거나 과실 표면에 윤기가 나고, 호피무늬가 선명하며, 두드리면 통통하는 경음이 날 때가 수확적기이다.

옥상에서 수박을 키울 경우 여름의 옥상은 반사열로 인해 지표면의 온도가 50℃를 넘어 수박이 곪아 버리는 경우가 발생하기 때문에 바닥에 볏짚이나 신문지를 깔아 바닥의 반사열을 차단해주어야 한다. 만약 잎이 노랗게 말라 있다면 예정 수확일보다 며칠 더 당겨서 수확해야 한다.

 Tip

노지 텃밭에서 재배할 경우 꼭 수정 작업을 해줄 필요는 없다. 벌과 곤충들이 자연수분을 해주기 때문에 크게 신경 쓰지 않아도 된다.

수세미

옥상에서 화분에 천연수세미 키우기

한해살이 식물인 수세미는 최근 영양학적 측면에서 인기가 높아지며 관심을 갖게 된 작물이다. 병해충이 적고 식물체의 활력이 다른 덩굴성 작물보다 늦게까지 유지되는 편으로 박과채소 중 재배하기 쉬운 편에 속한다.

환경 조건

- **싹트는 온도** 25~30℃가 적당하고 생육 적정 온도는 20~30℃
- **햇빛의 세기** 고온과 강한 햇빛에도 잘 자라는 고온성 채소.
- **토양 조건** 토양 수분이 풍부한 곳을 좋아하지만 과습에는 약하다.
- **토양 산도** pH 6.0~7.5

 재배 일정

월	1			2			3			4			5			6			7			8			9			10			11			12		
	상	중	하	상	중	하	상	중	하	상	중	하	상	중	하	상	중	하	상	중	하	상	중	하	상	중	하	상	중	하	상	중	하	상	중	하
밑거름								■	■	■																										
씨앗										■	■	■																								
모종											■	■	■																							
자주													■	■	■																					
웃거름																■			■			■														
수확																■	■	■	■	■	■	■	■	■	■	■	■	■	■	■						

씨앗 심기

수세미는 씨앗으로 번식하며 다른 박과 작물과 비슷한 방법으로 재배한다.

씨앗은 4월 중순부터 파종하며 싹트는 온도는 25~30℃가 적당하고 생육 적정 온도는 20~30℃가 좋다.

모종심기

수세미는 꽃눈을 형성하기 위해 일조 시간이 일정 기간 이하가 되어야 하는 식물로, 6월에 심으면 암꽃의 개화가 늦어지고 잎만 무성해지므로 5월 상순에 심는 것이 좋다.

모종을 고를 때는 뿌리가 잘 내리고 줄기가 튼튼하며 본잎이 2~4장 난 것을 고른다.

노지에서 모종은 60~70cm 간격으로 심어주며 모종을 심을 때는 뿌리보다 더 크게 구멍을 판 뒤 모종을 얹고 흙으로 덮어준다.

지주 세우기

수세미는 덩굴성 식물이므로 잎이 5~6매 이상 자라면 기다란 막대로 A자형 지주를 세워주거나 터널을 만들어 준 후 식물 네트를 쳐주는 것이 좋다.

초기 성장이 느리지만 기온이 올라가는 6월부터는 하루가 다르게 성장이 빨라진다.

순지르기

수세미는 곁가지에서 암꽃이 많이 핀다. 1m까지는 원줄기에서 나오는 곁가지를 모두 제거하고 그 후는 방임하면서 곁가지를 키우면 많은 열매를 얻을 수 있다.

암꽃.

수꽃.

수확하기

수세미는 파종 후 2개월부터 어린 열매의 수확이 가능하고 성숙한 열매는 3~4개월 후 수확이 가능하다.

초기에는 꽃이 핀 뒤 14~15일, 한여름에는 7~8일 후에 자란 어린 열매(작은 오이 크기)를 식용으로 이용한다.

섬유질을 이용할 때는 꽃이 피고 90~100일 정도 지나 열매가 갈색이 되면 수확하고, 겉껍질을 벗겨 씨를 뺀 후 사용한다.

수확 후 껍질을 벗기고 물속에서 주물럭거리면 육질과 씨가 분리되는데 이 과정을 거친 후 말려 사용해도 된다.

줄기 아랫부분의 늙은 잎은 제거한다. 노화되면서 누렇게 변한 잎은 지저분하기도 하지만 영양분을 소모하고 병이 올 수도 있기 때문에 잘라준다.

수세미 만들기

천연 수세미를 만드는 방법은 여러 가지가 있다. 보통 바싹 말려 겉껍질을 벗기거나 덜 익은 수세미는 뜨거운 물에 10분 정도 데쳐서 외과피를 제거하면 수세미를 쉽게 분리할 수 있다.

바싹 마른 수세미의 끝부분을 자르면 내부의 씨앗을 빼낼 수 있다.

　사진과 같이 누런색의 수세미는 수산화나트륨용액이나 락스에 살짝 담가두면 하얗게 표백되며 건조시켜 다양한 용도로 활용할 수 있다. 천연 수세미이기 때문에 환경과 건강 모두 도움이 된다.

옥수수

[실험01] 비닐포대에 옥수수랑 고구마 함께 키우기

옥수수는 재배에 큰 어려움이 없으며 연작 피해도 거의 없어
매년 재배해도 좋은 대표적인 여름 작물이다.
여름 간식으로도 사랑받는 만큼 적극 추천한다.

환경 조건

싹트는 온도 32~34℃(최저 8~11℃, 최고 40℃ 내외)

토양 조건 통기성과 물 빠짐이 좋아야 하는 작물이므로 점질토나 물이 잘 빠지지 않는 밭 또는 너무 메마르기 쉬운 모래땅은 적당하지 않다.

햇빛 햇빛을 좋아한다.

꽃가루가 퍼지는 시기 35℃ 이하 유지(35℃ 이상에서는 수정률 감소)

물 요구도 5~6월 80~90mm, 7월 120mm, 8월 130mm, 9월 70mm

토양 산도 pH5.5~8.0(약산성~미알칼리성 토양)

재철 7월 하순~8월 상순

 재배 일정

월	1			2			3			4			5			6			7			8			9			10			11			12		
	상	중	하	상	중	하	상	중	하	상	중	하	상	중	하	상	중	하	상	중	하	상	중	하	상	중	하	상	중	하	상	중	하	상	중	하
일정												●	🟧							🟩	🟩	🟩	🟩													

● 씨뿌리기   🟧 모종심기   🟩 수확

옥수수는 2m 이상 자라기 때문에 키우기 위한 충분한 공간이 필요하다. 또 다양한 작물과 함께 키운다면 다른 작물이 받아야 할 햇볕을 가리지 않도록 위치 선정도 중요하다. 따라서 재배는 쉽지만 심기 전 작물의 특성을 충분히 알아 두는 것이 좋다.

씨뿌리기

- 옥수수는 모종을 정식하거나 씨앗을 파종해 키울 수 있다.
- 일반적으로 평균 기온이 15℃ 정도인 4월에 파종하는 것이 좋다.
- 씨앗 파종 깊이는 5cm 정도, 모종은 뿌리에 달린 상토 깊이만큼 심는다.

생육 초기에 서리가 오면 지상부의 잎 1~2장은 고사하지만 이 시기에는 생장점이 아직 땅속에 있기 때문에 식물체가 아주 죽지는 않는다. 따라서 생육 중 냉해 피해를 받으면 초기에는 잎이 담황색이 되고 생육이 정지되지만 온도가 상승하면 다시 회복된다.

옥수수 파종.

옥수수 모종.

가루받이

옥수수는 암꽃과 수꽃이 따로 핀다.

6월이 되면 옥수수 수꽃은 줄기 맨 꼭대기에 '개꼬리'라 불리는 수이삭이 피고, 암꽃은 줄기 중간 잎겨드랑이에서 자란다.

수꽃.   암꽃.

옥수수와 같이 한줄기에서 암꽃과 수꽃이 따로 피는 식물들은 대개 수꽃이 먼저 피었다 지고나면 암꽃이 핀다. 옥수수는 최소한 수꽃이 암꽃보다 이틀 이상 먼저 피고 3~5일쯤 꽃가루가 날리며, 수꽃이 피어 있는 기간은 일주일쯤이다.

수꽃이 암꽃의 머리 위에 피는 이유는 바람과 중력을 이용해 수분을 쉽게 하기 위해서다. 바람을 타고 꽃가루가 '옥수수수염' 암술에 떨어져 옥수수수염 한 가닥 한 가닥이 각각 옥수수 알이 되는데 이를 옥수수 가루받이라고 한다. 따라서 모든 수염에 꽃가루가 하나도 빠짐없이 묻어줘야 알이 꽉 찬 옥수수가 될 수 있다.

이러한 이유로 옥수수가 수정이 잘될 수 있도록 옥수수는 간격을 밀집해 재배하며 키가 클수록 수분에 유리하기 때문에 옥수수는 2m 남짓 자란다.

꽃가루가 날릴 때 장마 기간과 겹치게 되면 비가 자주 오는 날이 지속되는 동안 꽃가루는 공중에 충분히 머무르지 못하고 땅으로 떨어지게 되면서 수정이 제대로 이뤄지지 않아 낱알이 빈 옥수수가 생기게 된다. 따라서 장마와 수분 시기에 따라 튼실한 옥수수 수확 여부가 결정되게 된다.

수분이 안 된 옥수수.

또 다양한 옥수수를 먹고 싶어 서로 다른 품종을 선택하여 심거나 주말 텃밭에 옥수수를 심으면 교잡이 발생할 수 있다. 옥수수 꽃가루는 바람이 불지 않아도 2m 남짓 날리지만, 바람이 불면 수 Km 이상을 날아가 근처 텃밭의 옥수수와 교잡이 발생해 색깔이 알록달록한 옥수수를 수확하게 될 경우도 생긴다. 만약 원하는 품종이 있다면 한 품종만 선택해 키우는 것이 좋다.

옥수수가 토양 수분을 가장 많이 필요로 하는 시기는 개화 후로, 날이 너무 건조하고 가물게 되면 생육과 수정 등에 나쁜 영향을 끼쳐 수확량에 영향을 미치게 된다.

생육이 왕성하고 온도가 높은 7~8월에는 하루 150mm까지 많은 양의 수분을 필요로 한다. 이처럼 개화기에는 많은 양의 물을 필요로 하는 중요한 시기이므로 아침, 저녁으로 매일 물을 줘야 한다.

수확하기

수분이 된 수염이 붉은색으로 변하면서 마르기 시작하면 20~24일 후면 수확이 가능하다.

찰옥수수는 모종 기간인 약 20여 일과 정식 후 약 90일 정도의 수확 기간까지 합쳐 씨앗 발아부터 수확까지 110일 정도의 시간을 필요로 한다.

단옥수수는 이삭이 나온 후 20~25일, 초당옥수수는 23~25일, 찰옥수수는 24~25일 전후로, 초록색 껍질에 옥수수수염이 갈색으로 변하면서 마르기 시작하면 수확 적기이다.

옥수수는 바로 따서 먹었을 때 가장 맛있으며 시간이 지나면 당분이 전분으로 바뀌며 단맛이 사라진다.

손톱으로 알갱이를 눌렀을 때 탱글탱글하며 흰 즙이 나온다면 덜 여물었다고 생각할 수 있지만 삶으면 단맛이 나며 쫀득쫀득하다.

참외

집에서 참외 키우기 (참외 어떻게 자라나요?)

참외는 넝쿨작물로 곁순을 관리하며 키워야 하고
노지 텃밭에서 키웠을 때 좀 더 쉽게 키울 수 있다.
참외는 난이도가 있는 작물이기 때문에 다른 작물에 비해 재배가 어려운 면이 있어
기본적인 재배방식을 공부해야 하지만
원리만 알면 싱싱한 참외를 수확해
시판 참외보다 훨씬 뛰어난 맛을 볼 수 있어 추천하게 되는 작물이다.

환경 조건

- 고온성 채소로 이른 봄의 저온에 피해를 받는다.
- 참외는 건조와 일조를 좋아하여 흐리고 비가 많이 오는 곳에서는 재배가 어렵다.
- 암꽃, 양전화(자웅동화)가 한주에 따로 핀다.

생육 온도 주간 25~33℃, 야간 18~20℃, 지온 20~25℃이나 비닐하우스 재배 시에는 적온관리가 사실상 불가능하므로 낮 동안 햇빛을 최대로 받게 하면서 35℃가 넘지 않게, 야간기온은 12℃ 이상으로 관리한다.

햇빛의 세기 빛을 충분히 받을 수 있도록 관리하는 것이 좋다.

토양 조건 물 빠짐이 좋고 비옥한 토양이 좋다.

토양 산도 pH6.0~6.8에서 생육 양호.

 재배 일정

월	1			2			3			4			5			6			7			8			9			10			11			12		
	상	중	하	상	중	하	상	중	하	상	중	하	상	중	하	상	중	하	상	중	하	상	중	하	상	중	하	상	중	하	상	중	하	상	중	하
일정												●							▨	▨	▨	▨	▨	▨												

● 씨뿌리기　🟧 모종심기　▨ 수확

씨앗 파종 시기

참외는 4월에 파종하고 5월 정식하는데 습기에 취약해 장마 전에 수확하기 위해선 시기를 놓치지 말아야 한다.

참외는 파종보다는 모종을 구입해 정식하는 것이 실패 확률을 줄일 수 있는 만큼 씨앗으로 처음부터 시작하는 것보다는 모종을 구입해 정식하길 추천한다.

만약 씨앗부터 시작하고 싶다면 4월이면 하우스 참외가 한참 시판되는 시기이니 시장에서 구입한 참외를 가지고 직접 파종해도 된다.

시판 참외를 이용해 시작한다면 방법은 다음과 같다.

먼저 구입한 참외를 잘라 그 안에서 통통하고 속이 꽉 찬 씨앗을 고른 뒤 화분에 1~2cm 깊이로 심고, 비닐멀칭을 해준다.

4월 23일.

5월 2일.

발아한 씨앗들 중 건강한 1주만 남기고 솎아주기를 한다. 장소와 여분의 화분이 있다면 솎아준 모종을 옮겨 심어도 된다.

노지 텃밭에서 키우는 일반적 참외는 바닥에서 키우는데, 옥상 또는 베란다에서 화분으로 키운다면 협소한 장소를 잘 활용하기 위해 그물망을 설치하여 유인하는 방법으로 재배할 수 있다.

그물망을 이용한 공중 재배.

순지르기

넝쿨작물은 대부분 곁순을 제거해야 수확량이 늘어나기 때문에 최소한의 순치기 작업이 꼭 필요하다.

넝쿨작물인 참외는 오이와는 달리 어미줄기와 아들줄기에는 대부분 수꽃만 피고, 암꽃은 결과지인 손자줄기에서 핀다. 그런데 가끔 아들줄기에서 참외가 달리기도 한다.

순지르기를 하지 않으면 잎과 줄기만 무성하게 자라고 참외는 몇 개 열리지 않으니 수확량을 늘리고 싶다면 최소한의 순치기 작업이 꼭 필요하다.

아들줄기에는 수꽃, 손자줄기에는 암꽃이 핀다.

참외 순지르기는 조금 복잡하게 보이겠지만 다음 이미지를 참고해 과감하게 진행해준다. 순지르기 방법을 그림과 같이 똑같이 할 필요는 없으며, 6월의 참외 성장 속도는 무척 빠르니 현지 상황을 고려하면서 응용하도록 하자.

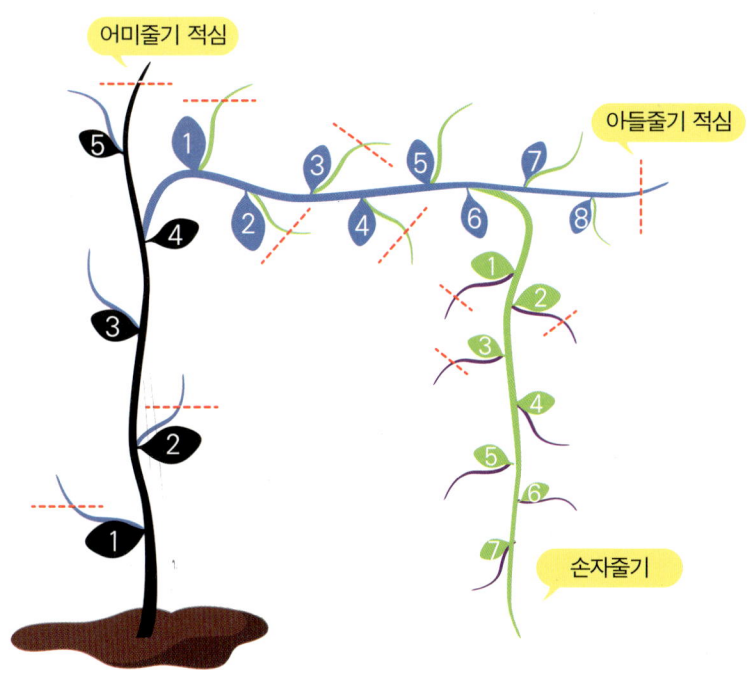

참외 순지르기(적심) 도해.

1. 어미줄기 5마디에서 순지르기

잎이 5장 나왔을 때 원줄기 생장점을 잘라준다.

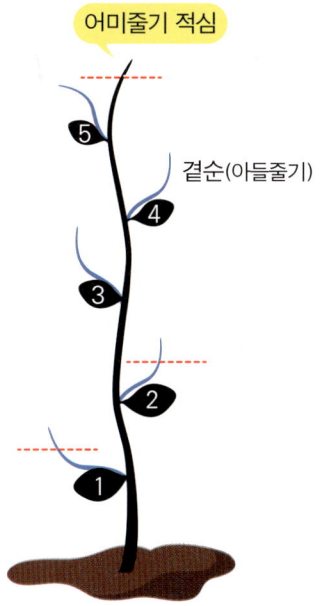

어미줄기를 순지르기했다면 이제 어미줄기의 잎과 줄기 사이에서 곁순이 나오는데 이 곁순이 아들줄기다. 하단 1, 2번째 잎에서 나온 아들줄기는 제거하고 3, 4, 5번 마디에 나온 아들줄기를 키워준다. 이때 꼭 3~4번 마디 아들줄기만 키워야 하는 것은 아니다. 내가 유인하고자 하는 곳으로 아들줄기가 자리를 잘 잡았거나, 건강한 줄기라면 1, 2번 마디의 아들줄기를 키워도 된다. 작물을 재배할 때는 날씨와 장소, 환경 등 많은 것이 일치할 수 없으므로 상황과 장소에 맞게 변형하며 재배해도 된다는 것을 항상 기억하자.

아들줄기는 오이집게를 활용해 원하는 방향으로 유인해준다.

아들줄기.

오이집게를 활용한 참외 줄기 유인.

2. 아들줄기

아들줄기에서 잎이 8장 나오면 순지르기를 한다. 시간이 지나면 아들줄기 잎과 줄기 사이에서 곁순이 나오는데 바로 손자줄기다.

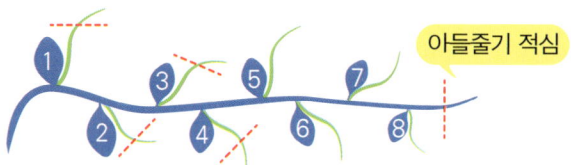

아들줄기.

아들줄기 8마디에서 순지르기.

3. 손자줄기

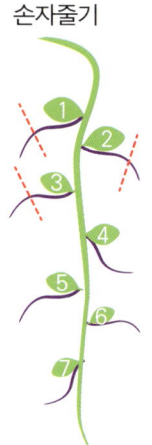

손자줄기

아들줄기에서 나온 손자줄기.

    손자줄기가 8장 이상의 잎을 내며 잘 자라면 아들줄기와 같은 방법으로 8장의 잎 위는 순지르기를 한다. 그리고 5~8번째 마디의 곁순만 키운다.

    이후 더이상 관리하지 않고 방임재배로 넘어간다.

여기까지 일반적인 참외의 순지르기를 소개했다. 물론 튼실한 참외를 더 많이 수확하기 위한 관리 단계는 조금 더 남아 있다.

어디까지나 교과서적인 설명이기 때문에 환경에 따라 변형하기도 한다.

예를 들어 어미줄기, 아들줄기, 손자줄기 순으로 6-8-8번째 마디마다 적심을 하거나 3-7-7, 4-8-8, 3-12-3 등 여러 가지 방법으로 순지르기를 할 수 있기 때문에 각자의 상황에 맞게 재배하면 된다. 주의할 점은 손자줄기 이후부터 복잡해져 더 이상 관리가 힘들어지더라도 부실한 손자줄기는 제거하며 키워야 한다는 것이다.

지금까지의 과정이 너무 어렵게 느껴진다면 어미줄기 6마디, 아들줄기 8마디의 순지르기만 해주고 손자줄기는 방치해도 충분히 참외를 수확할 수 있다.

수확하기

참외를 5월 상순에서 중순 정도에 심은 뒤 착과된 참외가 23~25일이 지나 청색에서 노란색으로 익어가고 있다면 수확해도 된다. 익은 참외는 특유의 향이 진하며 당도가 높고 껍질이 까끌까끌한 것이 특징이다.

이 시기에는 장마가 있기 때문에 공중 습도가 높아 잎에 흰가루병이 발생하는데 예방하기 위해서는 가지치기를 하거나, 최대한 통풍이 잘 되도록 가지를 유인하는 것이 무엇보다 중요하다. 만약 흰가루병이 생겼다면 난황류를 만들어 일주일에 2~3회 뿌려주면 예방 및 치료가 가능하다.

고양이는 비뇨기계 질환이 많다. 참외는 고양이의 이뇨작용을 도울 수 있다고 한다. 씨를 깨끗하게 발라내고 과육을 갈아 갈은 닭가슴살과 함께 죽을 쑤어 먹이면 훌륭한 자연식이 될 수 있다. 강아지의 경우에도 도움이 될 수 있지만 알레르기 반응을 일으킬 수도 있고 당뇨를 앓을 때는 위험하기 때문에 수의사와 상담 후 먹이는 것이 좋다. 과거에는 참외가 그저 수분 많은 여름 채소로만 알려져 있었지만 참외는 몸에 좋은 다양하고 매우 풍부한 영양소를 가지고 있다. 비타민C와 피로회복에 탁월하며 가장 강력한 항암제라고 하는 베타카로틴도 풍부하기 때문에 올 여름 재배해서 맛과 영양을 모두 식탁에 올려보자!

가정에서 청경채 키우기

주로 중국요리에 많이 등장하지만 최근 우리나라에서는 쌈채소로 사랑받는 작물이 청경채다. 아삭아삭한 식감이 특징으로 볶음요리에도 많이 이용되고 있다. 서늘한 지역에서는 연중재배가 가능하지만 우리나라에서는 봄과 가을에 재배가 가능하며 비타민C와 식이섬유가 풍부해 피부미용과 체중 관리에 좋은 채소이다.

* 봄과 가을 재배도 가능하지만 관리 조건이 붙기 때문에 여기에서는 봄 재배를 중심으로 설명했다.

환경 조건

싹트는 온도	15~20℃
잘 자라는 온도	낮 20~25℃
햇빛의 세기	상추를 키울 수 있는 햇빛이면 충분하다.
토양 조건	유기질이 풍부한 토양에서 연하게 잘 자란다. 통풍이 잘 되고 햇볕이 잘 드는 배수가 양호한 곳이 좋다.
토양 산도	pH 6.5~7.0

 재배 일정

월	1			2			3			4			5			6			7			8			9			10			11			12		
	상	중	하	상	중	하	상	중	하	상	중	하	상	중	하	상	중	하	상	중	하	상	중	하	상	중	하	상	중	하	상	중	하	상	중	하
일정															●	─	─	─	─	수	수	●	─	─	─	─	─	수	수	수						

● 씨뿌리기   수확

씨뿌리기

청경채는 서늘한 기후를 좋아해서 봄·가을 재배가 가능하다. 청경채를 재배할 때는 씨앗으로 파종해도 되고, 모종을 구입해서 심어도 되는데 둘 중 하나를 고르라면 모종을 구입해서 심는 방법을 추천한다. 이유는 단순하다. 청경채는 벌레들이 좋아하는 작물이기 때문에 파종해서 떡잎이 보일 때부터 초기 피해가 심한 만큼 가급적 모종을 구입해서 심는 것이 초기 피해를 피해갈 수 있다.

파종하는 방법은 다음과 같다.

모종판에 2~3립 파종한다. 파종 후 발아까지는 3~4일 정도 걸리므로 토양이 건조해지지 않도록 물을 주어야 한다.

파종한 뒤 본잎이 3매 정도 나올 때까지 키워서 정식한다. 밭의 상황에 따라 정식 시기는 조절하는 것이 좋다. 정식 시기를 맞추지 못하고 너무 늦어지게 되면 좁은 공간에서 모종이 자라기 때문에 연약하게 웃자라 병해충에 감염될 위험이 높고, 뿌리 내림이 지연되어 초기 생육도 억제가 된다.

물 주기

청경채는 정식 후 활착을 위해서는 적절한 물 주기를 해야 한다. 고온 건조기에는 잎에 생리장해인 칼슘결핍이 나타나므로 물 관리를 잘 해주어야 한다.

한 여름 재배인 경우에는 저녁 무렵에 정식하고 정식 후 3~5일은 뿌리가 활착할 수 있도록 뜨거운 햇볕을 피해 반그늘에 둔다.

배수가 불량한 토양에서는 병해가 발생하기 쉽고 질소비료를 많이 주면 세균성 썩음병이 발생하기 쉽다.

수확하기

파종에서 수확까지 계절별 기간을 정리하면 겨울에는 90~120일, 봄·가을에는 60일, 여름에는 40~45일 정도이며 밑둥을 잘라 포기 전체를 수확한다.

토란

화분에서도 토란은 잘 자랍니다

토란 재배보다 더 쉬운 작물은 없다. 잡초도 뽑을 필요 없고 벌레도 잡을 일이 없다.
또 뿌리부터 줄기까지 다양한 요리가 가능해 텃밭농사에서
가장 적합한 작물이라고 생각한다.

환경 조건

싹트는 온도 25~30℃ 발아 최저온도 15℃ 잘 자라는 온도 20~25℃ 저장온도 5℃ 이상.

토양 조건 건조에는 약하여 생육이 매우 불량해진다.

토양 산도 토양 pH 5.7~7.4 범위에서 정상적으로 생육.

 재배 일정

월	1			2			3			4			5			6			7			8			9			10			11			12		
	상	중	하	상	중	하	상	중	하	상	중	하	상	중	하	상	중	하	상	중	하	상	중	하	상	중	하	상	중	하	상	중	하	상	중	하
일정										●	●	●															■	■	■							

● 씨뿌리기   ■ 수확

토란 심기

보통은 온상에서 싹을 틔운 뒤 본밭에 심는 것이 좋지만 여의치 않으면 그냥 알토란을 심어도 된다. 4월 중순경에 약 25~30cm 간격으로 심고 종구(번식용 구근)로 사용할 토란은 30~40g 정도 되는 굵은 것이 생육이 좋다. 토란은 약 5~10cm 정도 깊이로 묻은 뒤 건조하지 않도록 자주 물을 주는 것이 좋다.

여름이 되어 토란이 많이 자라면 뿌리 부근에 북주기를 하여 괴경(덩이를 이루는 땅속줄기)의 발달을 돕는다. 북주기를 할 때 한꺼번에 20cm 이상의 많은 흙을 덮으면 뿌리가 호흡이 곤란하게 되어 자구(아들토란)의 수가 적어진다. 따라서 북주기는 3-4회 나누어서 하면 좋다. 토란은 다소 습한 토양에서 잘 자라며 토양이 건조해도 토란의 수량이 줄어든다. 또 여름철이 되면 자구에서도 여러 개의 잎이 나고 자라 더 많은 토란이 생성되지 못할 수도 있다.

토란대 수확

토란을 수확할 때는 토란에서 나오는 흰 액체가 피부에 닿으면 가려움증을 유발할 수 있기 때문에 꼭 장갑을 끼고 수확하도록 한다.

토란은 크게 토란대와 알토란으로 나누어 두 가지를 수확할 수 있다. 우선 토란대 수확은 9월 말~10월 중순에 하는데 늦어도 서리 내리기 전까지는 수확을 마무리 한다.

수확한 토란대는 껍질이 잘 벗겨지지 않으니 하루 정도 햇볕에 말려 벗기면 껍질이 잘 벗겨진다. 손질한 토란대는 20cm로 잘라 채반에 널어 잘 말려 요리에 사용한다.

수확시기

토란대를 수확하고 나면 바로 알토란을 수확하는 것보다는 며칠 지나 캐는 것이 좋지만 번거롭다면 같은 날 수확해 다음 해 심을 씨감자를 보관하는 것과 같은 방법으로 5~8℃에 저장하면 문제가 없다.

수확한 토란은 묻은 흙을 털어내지 말고 그대로 그늘에 말린 뒤 배수가 좋은 땅속에 묻어 봄까지 보관하면 싱싱하게 먹을 수 있다.

식이섬유가 풍부해 변비에 탁월한 토란은 칼로리도 낮아 다이어트식으로 좋은 채소이다. 토란의 끈적거리는 점액은 뮤신으로 인한 것인데 면역 시스템을 개선하고 암 예방과 여러 가지 질병 치료, 위와 장의 점막을 지키는 필수 영양소이다. 또한 토란이 함유하고 있는 수산칼슘은 타박상과 멍에 탁월한 효능을 발휘하며 이뇨작용을 하기 때문에 몸의 붓기를 빼는 데 큰 도움이 된다. 불면증과 우울증에 좋은 멜라토닌도 토란이 가진 중요한 효능 중 하나이다.

토마토

화분에 청포도 같은 방울토마토 키우기

다수확을 위한 토마토 2줄기 재배법

방울토마토는 토마토보다 크기가 작지만 당도나 맛이 훨씬 좋다.
재배도 쉽기 때문에 텃밭에 빠지지 않은 작물이기도 하다.
또 직접 길러 먹는 토마토는 유통과정이 없어 신선하고 후숙이 아니라
제대로 익은 것을 먹을 수 있기 때문에 특히 당도가 높다.

환경 조건

싹트는 온도	28℃
잘 자라는 온도	평균 25~27℃, 낮 25~30℃, 밤 18~20℃, 지온(땅속 온도) 20±2℃ 낮 30℃, 밤 20℃ 이상이나 13℃ 이하에서는 낙과, 열과 및 기형과 발생.
햇빛의 세기	강한 광선을 좋아하는 채소로 햇빛을 충분히 쪼여주는 것이 좋다.
토양 조건	과습에 약하다. 양토 또는 식양토가 최적.
토양 산도	pH 6.0~6.4

 재배 일정

월	1			2			3			4			5			6			7			8			9			10			11			12		
	상	중	하	상	중	하	상	중	하	상	중	하	상	중	하	상	중	하	상	중	하	상	중	하	상	중	하	상	중	하	상	중	하	상	중	하
일정									●				▼																							

● 씨뿌리기   ▼ 아주 심기   ▇ 수확

씨앗 파종 시기

모종으로 심을 경우 아파트 베란다 텃밭이라면 4월 중순부터 가능하며, 노지에서는 냉해 피해가 적은 5월이 가장 적당하다.

토마토는 빛과 통풍, 수분 관리가 중요해 씨앗 두께의 2~3배 정도 깊이로 묻어주고 겉흙이 마르지 않도록 수시로 물을 준다.

방울토마토를 파종해 20℃ 이상 따뜻한 장소에 두었다면 파종 후 7~14일 안에 대부분 싹이 나온다. 이때도 수시로 물을 주고 빛이 잘 드는 곳에 두어야 한다.

어느 정도 토마토의 모습이 갖추어지면 옮겨심기를 한다. 건강한 모종을 골라 처음부터 큰 화분으로 옮겨 심는 것이 중요하다. 토마토는 다비성 작물 중 하나로 많은 영양분을 필요로 하는 만큼 퇴비를 많이 넣고 밭을 미리 만들어 놓는 것이 중요하다.

지지대 세우기

토마토는 환경이 좋다면 2m 이상 자라기 때문에 지지대를 세워 상부로 유인해야 한다. 최대한 긴 지지대나 유인줄을 이용해 높게 설치해준다.

토마토의 화방

토마토에서 화방은 꽃이 피는 위치를 말하며 1화방은 아래에서 처음 꽃이 피는 위치를 부르는 명칭이다.

첫 꽃(1화방)은 제거해야 할까?

보통 토마토 첫 꽃은 초기 성장을 위해 제거해준다. 아직은 성장에 매진할 시기인데 꽃을 피우면 영양분이 꽃으로 분산되기 때문에 꽃을 제거해 빨리 성장할 수 있도록 하기 위해서이다. 그러나 화분에서는 수확량의 차이가 크지 않고 중간에 토마토가 죽을 수도 있기 때문에 최대한 열매를 다는 것이 좋은 만큼 제거하지 않아도 된다.

베란다의 토마토 수분 방법

베란다에서 토마토를 키울 때 꽃이 피었음에도 열매를 달지 못하는 경우가 발생하는데, 대부분의 이유가 수분이 되지 않았거나 영양 부족으로 인한 것이다. 토마토 꽃이 활짝 피면 토마토의 가지를 흔들어 주기만 해도 수분이 되며 동시에 외부의 바람이 베란다에 들어올 수 있도록 해서 바람이 토마토를 흔들며 지나가도록 해줘야 한다.

곁순 제거

방울토마토 곁순 제거는 원줄기와 잎 사이에서 나오는 곁순을 제거하는 제일 중요한 작업이다. 토마토는 원대만 길게 키우기 때문에 수시로 곁순을 제거해준다.

토마토 모종이 제법 자리를 잡았다면 이때부터 본격적으로 곁순을 제거하면 된다.

토마토는 성장 속도가 빠른 만큼 며칠 간만 곁순을 방치해도 원줄기와 비슷하게 자라게 된다. 그렇게 되면 곁순 찾기가 어려워지는 것도 문제지만 좋은 과실을 많이 맺게 하는 것이 목표라면 불필요한 순과 잎을 제거해서 방울토마토 열매에 영양분이 집중될 수 있도록 미리미리 제거하는 게 중요하다.

적엽작업(아랫잎 제거)

적엽은 상황에 따라 조금씩 다르지만, 대체적으로 각 화방의 아랫잎 3개가 그 화방을 키워준다고 한다. 그렇기 때문에 꽃이 열매화가 되고 토마토가 어느 정도 굵어졌을 때 아랫잎들을 적엽해주는 것이 좋다. 잎이 햇볕을 가려 그늘지면 토마토가 균일하게 착색하기 어렵고 원활한 통풍을 유지할 수 없어 토마토의 성장에 방해가 되므로 제거한다. 그런데 만약 위쪽이 세력이 약하거나 웃자라는 경향을 보이면 아랫잎을 유지해 주는 것이 좋다.

수확시기

방울토마토 모종을 심은 후 7~8주가 지나면 제1화방에서 방울토마토가 익게 되며 이때가 수확이 시작되는 시기이다. 3주 간격으로 제2, 3, 4화방 순으로 방울토마토가 익어간다. 꽃이 핀 뒤 50일 정도 지나 방울토마토가 숙성색인 붉은색, 노란색으로 변하면 수확할 수 있다. 7월부터 9월까지 계속 수확이 가능하다.

토마토 2줄기 재배법

보통 토마토는 곁순을 제거하며 원줄기만 키우는데 좁은 화분에서 키우기에 알맞은 방식이다. 토마토 전문 농가에선 토마토의 줄기를 2줄기로 키워 생산성을 높인다. 방법은 간단하다. 원줄기에서 3마디가 됐을 때 순지르기를 해주면 된다.

2째와 3째 마디의 곁순을 키워준다.

이 후 재배는 모두 똑같이 진행하며 넓은 장소에서 수확량을 늘리고 싶다면 이 방법으로 키우면 된다.

토마토는 영양도 풍부하고 맛도 좋아 우리나라 사람들이 좋아하는 채소이다. 서양에서는 요리의 재료로 쓰이지만 우리나라에서는 후식 또는 과일 대용으로도 많이 먹는 채소이다.

그런데 왜 토마토는 과일이 아니라 채소로 분류가 될까? 그것은 과일의 정의에 따른 것이다.

과일은 나무에서 딴 것을 말하고 한해살이풀에서 자란 것은 채소로 분류한다. 따라서 한해살이풀인 토마토는 채소이다. 그리고 수박과 멜론, 참외도 한해살이풀이기 때문에 채소이다.

해바라기

화분에 다이소 해바라기 키우기

해바라기는 상당히 키우기가 쉬운 꽃에 속하며 4~8월 파종 시 1년 두 번 재배가 가능하다. 한여름의 뜨거운 태양을 닮았으며 여름의 대표적인 꽃인 해바라기는 어렸을 때 시골 길가에서 흔하게 보았던 꽃이기도 하다. 해바라기씨는 알레르기 프리이기 때문에 알레르기가 있는 사람도 먹을 수 있으며 불포화지방이라 다이어트에 좋고 심장과 혈관 건강에 특히 좋다고 알려져 있다.

환경 조건

싹트는 온도	25℃
잘 자라는 온도	25~30℃
햇빛의 세기	하루 8시간 이상 햇빛을 충분히 쪼여주는 것이 좋다.
토양 조건	토양에 대한 적응력이 상당히 좋아 통기성과 수분함량이 충분한 토양.
토양 산도	pH 5.5~6.5

 재배 일정

월	1			2			3			4			5			6			7			8			9			10			11			12		
	상	중	하	상	중	하	상	중	하	상	중	하	상	중	하	상	중	하	상	중	하	상	중	하	상	중	하	상	중	하	상	중	하	상	중	하
일정										●━	━━	━━	━━	━━	━━	━━	━━	━━	━━	━━	━━	■	■	■												
															●	━━	━━	━━	━━	━━	━━	━━	━━	━━	■	■	■									

● 씨뿌리기　■ 수확

씨뿌리기

시판되는 해바라기 종류는 키작은 해바라기, 테디베어 해바라기, 자이언트 해바라기, 타이탄 해바라기, 맘모스 해바리기 등 다양하다.

직파일 경우 해바라기는 분갈이를 해주지 않는 것이 좋으니, 처음부터 큰 화분에 심는다. 일반적인 해바라기를 키울 예정이라면 최소 20ℓ 용량의 화분이 적당하다.

씨앗은 2.5cm 정도 깊이로 심어주며, 2~3일 동안 건조해지지 않도록 물을 뿌려주면 발아가 시작된다. 이때의 온도는 20℃를 유지해주는 것이 좋다.

묘목이 자라는 동안 햇빛을 충분히 보아야 줄기가 굵고 튼튼하게 자란다. 하루 8시간 이상 직사광을 받을 수 있는 장소에 두어야 한다.

물 관리

해바라기가 자라는 초기에 충분한 물을 흡수하지 못하면 줄기가 가늘고 약해져서 곧게 꽃을 피울 수 없다. 하루에 8시간 동안 직사광을 받아야 하는 해바라기는 특히 증산작용으로 기화하는 물의 양이 우리가 생각하는 것보다 엄청나다. 키가 큰 해바라기는 맑은 여름날 하루 동안 약 1kg의 물을 증산한다. 따라서 한여름에 자라는 해바라기가 제대로 꽃을 피울 수 있도록 화분에서 키운다면 매일 흠뻑 물을 주는 것이 좋다.

지지대 설치

해바라기는 보통 1~2m 이상 자란다. 이 정도의 높이로 자라면 꽃이 피고 꽃가루가 퍼질 때쯤 꽃이 무거워지기 시작한다. 따라서 해바라기가 다 자란 후 지지대를 설치하는 것이 아니라 미리 설치하여 꽃이 처지지 않도록 받쳐주는 것이 좋다.

수확하기

해바라기 씨앗은 꽃이 시들고 갈색으로 변하면 수확시기가 다가왔다는 표시이다. 바로 채취하지 말고 줄기에 그대로 둔 채 기다리면 씨앗이 잘 숙성되면서 건조된다.
해바라기 씨의 건조가 끝나면 밀폐 가능한 용기에 넣어 실온 상태에서 4개월 동안 보관찰 수 있으며, 냉장 보관해도 오래 보관이 가능하다.

4월에는 냉이와 달래가 식탁에 오르기 좋은 제철 채소로 사랑받는다. 채소 중 단백질 함유량이 높고 비타민A와 비타민C 그리고 칼슘이 풍부한 냉이는 국과 찌개로 요리해 먹으면 봄 식탁이 풍요로워진다. 달래 또한 냉이처럼 칼슘과 비타민C가 특히 풍부해 무침이나 비빔장, 된장찌개로 사랑받는 봄철 채소이다.

달래는 화분에 키우기 시작하면 매년 새로 싹이 나는 만큼 화분으로 키우기에도 좋은 채소이니 재배해볼 만한 채소다.

5월에 심는 작물

텃밭 농사를 한다면 5월은 가장 바쁘고 중요한 달이다. 심어야 할 작물이 많고 가꿔야 할 작물도 많은 5월이다.

씨앗부터 시작한다면 4월은 파종해 키우기 위한 시간들이고 시판되는 모종으로 텃밭을 시작한다고 해도 5월은 한해의 작물을 대부분 심고 가꾸는 시기인 것이다. 가을까지의 밥상을 풍성하게 해줄 5월의 주요 작물은 다음과 같다.

 가지
5월 상순

 고구마
5월 상순

 깻잎
5월 상순

 멜론
5월 중순

 여주
5월 중순

 열매마
5월 상순

 열무
5월 상순

그 외에도 5월에 준비해야 할 작물(모종의 경우 포함)로는 고추, 옥수수, 비트, 대파, 오이, 브로콜리, 애호박, 토마토, 양배추, 수박 등이 있다.

가지

화분에 2포기만 키워도 풍성한 가지 키우기

눈 건강과 피로 회복에 탁월한 효능을 보이는 가지는 한 그루만으로도 수확할 수 있는 양이 많이 나오는 만큼 화분 하나로 가을까지 충분히 즐길 수 있다.
그래서 가지를 정말 좋아해서 매일 다양하게 요리하는 가정이 아니라면 4인 기준으로 화분에 모종 하나만 심어도 충분하기 때문에 여러 그루를 심을 필요 없는, 작물 재배의 만족도가 높은 채소이다.

환경 조건

싹트는 온도 28~30℃

잘 자라는 온도 낮 22~30℃
17℃ 이하면 생육이 떨어지고 7~8℃ 이하에서는 저온피해를 입게 되며, 특히 서리에 약하다.

햇빛의 세기 빛의 양에 큰 영향을 받지는 않으나, 햇빛을 충분히 쪼여주는 것이 좋다.

토양 조건 토양에 대한 적응력이 상당히 좋아 통기성과 수분 함량이 충분한 토양이라면 어디서든 재배 가능.

토양 산도 pH 6.0~7.0

 재배 일정

월	1			2			3			4			5			6			7			8			9			10			11			12		
	상	중	하	상	중	하	상	중	하	상	중	하	상	중	하	상	중	하	상	중	하	상	중	하	상	중	하	상	중	하	상	중	하	상	중	하
일정				●	━	━	━	━	━	━	━	━	▼	━	━	━	━	━	■	■	■	■	■	■	■	■	■	■								

● 씨뿌리기   ▼ 모종심기   ■ 수확

가지는 햇볕이 잘 드는 가장자리에 심어두면 서리 내릴 때까지 수확이 가능하다. 가지를 이용한 요리는 버터에 튀기거나 오븐에 굽거나 살짝 데쳐서 무치는 등 다양한 만큼 여름부터 늦가을까지 맛있게 즐겨보자.

씨뿌리기

가지 씨앗은 싹이 트는데 비교적 많은 시간이 소요되므로, 미리 씨앗의 싹을 틔워 파종하는 것이 좋다. 30℃ 정도의 따뜻한 곳에 습한 상태로 두면 어린 싹이 보인다.

트레이에 원예용 상토를 80~90% 정도 채운 뒤 싹이 튼 씨를 뿌리고 씨앗이 보이지 않을 정도로 상토를 덮어준 후 물을 충분히 주고 신문지로 덮어주면 6~7일 후 발아하기 시작한다.

가지 모종을 키우기 위해서는 약 2~3달 정도의 기간이 소요되므로 오랜 시간 관리가 어려운 상황이라면 모종을 구입해 정식하는 것을 추천한다.

모종심기

4월 중순부터 모종을 판매하지만 너무 일찍 심을 경우 냉해에 취약하니 5월에 가지를 심어준다.

모종에 붙어 있는 상토는 최대한 떨어지지 않게 하고, 심을 때 너무 깊게 심지 말고 모종의 흙이 약간 보일 정도로 흙을 덮은 뒤 물을 충분히 준다.

방아다리 꽃 따기

가지 재배는 특별한 기술이나 주의가 필요하지는 않지만 초기 첫 꽃과 곁순을 제거해 최대한 원대를 키워주는 것은 중요하다.

첫 꽃이 피고 Y자로 갈라지는 방아다리 아래의 잎 사이에서 발생하는 곁순을 제거해 준다.

방아다리 첫 꽃 제거.

곁순 제거.

지주대 세우기

가지 모종을 심은 다음 150cm 정도의 대나무, 각목, 플라스틱 등을 이용한 막대를 세우고 부드러운 비닐끈으로 가지

줄기를 묶어 준다. 가지는 햇빛을 좋아하는 작물이기 때문에 가지를 넓게 벌려 햇빛을 잘 받도록 해준다.

잎 따기

햇빛을 잘 받고 바람이 잘 통해 병에 걸리지 않고 튼실한 가지를 생산할 수 있도록 사진과 같이 아랫잎을 제거해준다. 만약 생리장해를 입은 잎이나 병든 잎 그리고 늙은 잎이 있다면 바로 제거해주도록 한다.

물 관리

여름에 비가 내리지 않을 때는 보통 1~2일 간격으로 물을 준다. 비가 자주 내릴 때는 물이 잘 빠지도록 관리해준다. 토양에 물이 너무 많으면 가지의 뿌리가 썩고 병 발생도 많아진다.

수확하기

수확은 품종 및 온도에 따라 차이가 있지만 보통 개화 후 10~20일경부터 가능하다. 너무 익으면 쓴맛이 생기고 품질이 떨어지므로 20일을 넘기지 않도록 하는 것이 좋다.

가지를 수확하지 않으면 꽃이 피지 않아 새로운 가지가 열리지 않기 때문에 맛있는 가지를 많이 먹기 위해서라도 바로바로 수확해주어야 한다.

혈액 순환 개선에 효과적이고 항산화 작용을 하며 열량이 낮아 다이어트에도 도움이 되는 가지는 빈혈과 눈 건강, 뼈에 좋은 대표적인 채소이기도 하다. 또한 탈모 예방과 체액 저류 치료에도 큰 도움이 된다고 한다. 이처럼 우리 몸에 좋은 영양소가 가득 들어 있음에도 가지를 좋아하지 않는 사람이 많은데 전통적인 요리 외에도 버터에 굽거나 치즈를 올려 오븐에 구우면 맛있는 요리가 되므로 좋아하는 요리법을 찾아 올해 우리 몸의 건강을 챙겨보자.

고구마

비닐포대에 옥수수랑 고구마 함께 키우기 02

고구마는 꼭 텃밭에서만 키울 수 있는 것은 아니다.
화분이나 흙이 담긴 비닐포대를 이용해 키우는 것도 가능하다.
적당한 햇볕, 통풍이 잘 되는 옥상이나 베란다에서 퇴비와 비료 없이도
쉽게 구할 수 있는 상토만으로 기를 수 있는 작물인 것이다.
영양과 맛이 좋은 고구마 재배에 도전해보자.

환경 조건

생육 온도 범위 15~38℃(30~35℃에서 생육이 왕성)

덩이뿌리 비대지온 20~30℃

싹트는 온도 17~30℃(조기재배 시 지온 15℃ 이상)

토양 조건 3~5°정도의 비탈이 지고 물 빠짐이 잘되어 토양 통기가 양호한 식양질계 적황색토 또는 사질양토.

토양 산도 토양 산도에 대한 적응성이 커서 pH 4.2~7.0 사이에서는 생육 및 수량에 큰 차이를 보이지 않는다. 그러나 알칼리성 토양보다 산성 토양에서 수량이 많다.

 재배 일정

월	1			2			3			4			5			6			7			8			9			10			11			12		
	상	중	하	상	중	하	상	중	하	상	중	하	상	중	하	상	중	하	상	중	하	상	중	하	상	중	하	상	중	하	상	중	하	상	중	하
일정									■					■	■	■											■	■								

■ 씨고구마 심기　■ 순심기　■ 수확

모종 기르기

고구마의 대표 품종으로 밤고구마, 꿀고구마, 호박고구마가 있지만 고구마 농사를 처음 도전한다면 수확량도 많고 재배하기도 쉬운 밤고구마와 꿀고구마를 추천한다. 호박고구마는 다른 고구마보다 초기 모종이 죽는 경우가 더 많고 재배기간도 긴 편에 속하므로 어느 정도 경험을 쌓고 도전하는 것이 좋다.

씨고구마를 선택할 때는 병들지 않고 품종 고유의 특성을 가지고 있으며 저장 중 냉해를 입지 않은 고구마가 좋다.

고구마 모종을 준비하는 시기는 3월 상순~4월 상순으로 40~50일 정도 싹을 키워 5월 상~중순 첫 삽식을 한다. 씨고구마 한 개에서 한 번에 자를 수 있는 고구마 모종은 5~6개다.

5월 고구마 모종은 가장 비싼 시기이므로 집에서 화분을 이용해 소량 재배할 것이라면 직접 육묘하는 것이 비용을 아낄 수 있다.

고구마 모종은 두 가지 방법으로 기를 수 있는데 가정집에서는 수경재배를 통해 모종을 키우고, 고구마 전문 농가에서는 하우스에 고구마를 1cm 정도 흙을 덮고 대량으로 키운다.

수경재배.

노지 텃밭에서 육묘.

묘가 자라면서 바이러스에 걸려 잎이 오그라드는 증세를 보이거나 썩은 고구마와 검은무늬병 등에 걸려서 밑 부분이 검게 변한 것은 버려야 한다.

싹이 5~10cm 정도 자라면 날이 따뜻해졌을 때 며칠 동안 햇빛이 가장 좋은 한낮에 2~3시간 정도 창가에 놔둬 묘가 튼튼하게 자라도록 한다. 이 시기에 갑자기 찬바람에 닿으면 묘의 어린잎이 누렇게 되며 덩이뿌리의 형성이 나빠지므로 주의해야 한다.

큰 씨고구마는 작은 씨고구마에 비해 싹이 튼튼하고 좋지만 같은 중량에서 생산되는 싹의 수가 적다. 이에 비해 작은 씨고구마는 같은 중량에서 생산되는 싹의 수가 많으며 육묘 환경만 좋으면 우수한 싹을 생산할 수 있다.

고구마 심기

고구마 정식 시기   5월~6월

심는 간격   25~30cm

고구마의 원산지는 열대지방으로 난대성 뿌리작물이다. 따라서 너무 일찍 심으면 냉해 위험이 있어 여유를 가지고 심고, 수확할 때 서리만 주의하면 큰 문제없이 재배하기 쉬운 편이다.

고구마 정식 적기로는 5월 상~6월 중까지 가능하지만 5월이라고 해도 가끔씩 발생하는 늦서리를 맞으면 죽기 때문에 이 경우 다시 심어줘야 한다.

야간 온도가 10℃ 이하면 정상적인 성장이 어렵고 5℃ 이하에 자주 노출되면 성장에 이상이 생긴다. 뿌리를 내릴 때는 지온은 15℃ 이상의 온도가 필요하다.

고구마는 줄기에서 3번째 마디까지만 고구마가 달리므로 길고 튼튼한 줄기를 골라 채취해 땅속에 심을 마디의 잎은 정리해준다.

고구마 순을 심기 위해 철물점에서 구입한 〈고구마 이식기〉를 사용하여 Y자 형에 걸쳐 45°로 비스듬하게 잎은 남기고 줄기가 흙속에 들어가도록 수평심기를 한다.

고구마 수평심기.

고구마를 심은 뒤 뿌리 활착이 빠르도록 물을 충분히 준다. 일주일 동안 화분의 흙이 마르지 않도록 확인하며 물을 준다.

고구마를 심은 뒤 뿌리가 활착하기 전까진 낮엔 힘없이 시들었다 살아났다를 반복하게 될 것이다. 이 과정은 새로운 환경에 적응하는 단계이니 항상 수분이 마르지 않도록 관리가 필요하다.

뿌리내림은 지온의 경우 15° 이상의 온도가 필요하며 잘 정식된다면 한 달 후 몰라보게 잎과 줄기가 자라나는 것을 경험하게 될 것이다.

7월과 8월 비대기에 접어들면 고구마는 많은 물을 필요로 한다. 노지 밭이 아닌 화분에서 키우는 고구마는 더 많은 물을 요구한다. 아침저녁으로 관찰하며 잎이 처지지 않도록 7~8월에는 매일 물을 준다.

고구마 줄기 수확

고구마 줄기는 들기름에 볶거나 살짝 데쳐서 된장 또는 들깨를 넣고 무쳐 먹는 등 요리 방법이 다양하다. 비타민C와 단백질이 풍부할 뿐만 아니라 항산화 기능이 뛰어난 클로로겐산도 풍부하다. 성인병 예방과 피부미용에 탁월하고 말린 고구마 줄기는 우유보다도 10배 이상 더

많은 칼슘을 함유하고 있다고 한다. 그러니 고구마 줄기를 수확할 적기도 확인해두자.

고구마 줄기 수확 시기는 정식 후 잎이 무성해지는 장마기간인 7월~8월경이다. 고구마를 수확하는 것이 목적이므로 무성한 잎과 줄기를 모두 따지 말고 일부만 수확해 요리에 이용한다.

수확시기

고구마는 수확하는 게 쉽지 않은 대표적인 작물이다. 따라서 수확할 계획이라면 미리 다음과 같이 준비하자.

고구마 수확 시기는 품종마다 조금씩 차이가 있다. 가장 짧은 재배기간을 자랑하는 밤고구마는 110일, 꿀고구마는 120일, 호박고구마는 130일 이상의 재배기간을 확보해야 한다.

고구마밭에서 고구마를 수확하는 것이라면 덩굴을 제거하고 호미, 삽, 경운기 등 수확에 필요한 기기를 미리 준비한다. 고구마를 캘 때는 고구마가 상처 나지 않도록 조심해야 한다.

수확한 고구마는 통풍이 잘 되는 그늘진 곳에서 5일 정도 잘 말려준다. 양이 많고 상품성을 높여야 하거나 오래 먹을 거라면 큐어링 작업을 해서 저장성을 높이지만 화분 텃밭에서 기른 고구마를 수확했다면 이 정도 과정만으로도 충분히 오래 보관해 먹을 수 있다.

비료 포대 안에 고구마 수평 심기.

상토가 든 비료 포대 안에 키운 고구마.

다이어트 식품으로 사랑받는 고구마의 종류는 약 400여 가지로 알려져 있다. 고구마는 비타민A가 풍부하고 항산화 성분이 다량 함유되어 있다. 그 중에서도 보라색 또는 자색 고구마는 항암 성분이 풍부해 암 예방에 도움이 된다고 한다. 또 고구마의 당 성분은 제2형 당뇨병 환자의 혈당 조절을 돕는다는 연구결과가 있다.

고구마는 찌거나 굽거나 튀기거나 고구마밥, 닭찜 등 요리법이 무궁무진하다.

화분에 고구마를 키워 다이어트와 건강을 챙기며 맛있게 즐겨보자.

깻잎

화분에 깻잎을 나무처럼 크게 키워보기

들깨는 가정에서 깻잎을 먹는 것이 목적이라면 몇 포기만 심어도 충분하다.
봄에 파종하여 여름철까지 잎을 수확해 먹을 수 있으며 한 그루당 수확량을 최대한
늘리기 위해서는 큰 화분에 단독으로 심는 것이 좋다.
쌈채소이기도 하지만 깻잎 무침과 절임 등
다양한 요리가 가능하니 잘 키워보자.

환경 조건

싹트는 온도	10~25℃
잘 자라는 온도	낮 15~25℃, 밤 5℃ 이상 17℃ 이하이면 생육이 떨어지고 7~8℃ 이하에서는 저온피해를 입게 되며, 특히 서리에 약하다.
햇빛의 세기	호광성 작물이므로 빛을 잘 받을 수 있게 하는 것이 중요하다.
토양 조건	토양은 그다지 가리지 않으며, 양토나 사질양토가 적당. 흡비력이 강하다.

 재배 일정

월	1			2			3			4			5			6			7			8			9			10			11			12		
	상	중	하	상	중	하	상	중	하	상	중	하	상	중	하	상	중	하	상	중	하	상	중	하	상	중	하	상	중	하	상	중	하	상	중	하
일정											●	─	─	─	─	─	수	수	수	수	수	수	수	수	수	수	수									

● 씨뿌리기   ▇ 수확

씨부리기

작은 텃밭에서는 참깨보다는 들깨를 많이 재배한다. 참깨는 참기름을 짜기 위한 목적이므로 많은 양을 심어야 하는데 쌈채소와 무침, 절임용이 목적인 들깨는 잎들깨 전용 씨앗을 파종하거나 모종을 구입해 이른 봄부터 심어 키우면 된다. 들기름이 목적이면 봄 작물 수확 후 심는 것이 일반적이다.

잎들깨는 봄 파종 시 늦서리 걱정이 없는 5월에 심는 게 좋다. 파종 방법은 다음과 같다.

각 트레이에 5-6립 정도 넣고 얇게 묻는다. 발아율이 나쁘지 않기 때문에 6~10일 정도면 싹이 나오기 시작한다.

5cm 정도 자랐을 때 1주만 남기고 솎아주거나 심은 식물이 죽거나 상했으면 보충해서 심어준다.

물 관리

약간 촉촉할 정도로 물기가 있도록 관리하고 토양 표면의 색이 하얗게 되면 물을 주어 시들지 않게 한다. 장마철이 되어서 너무 무성하면 병에 걸리기 쉽기 때문에 중간에 드문드문 솎아주어 자리를 넓혀주면 병충해를 줄일 수 있다.

순지르기

들깨를 방임재배하면 1.5~2m까지 자라 비바람에 쓰러지고, 곁가지가 많이 생기지 않으므로 순지르기를 해서 곁가지가 많이 나올 수 있도록 도와준다.

8월 중순경 들깨가 1m 정도까지 자라면 들깨의 생장점을 반 뼘 정도 아래 부분에서 잘라준다.

만약 쌈채소로 깻잎을 먹는 것이 목적이라면 순지르기를 하지 않아도 무방하다.

수확하기

깻잎은 9월까지 수확할 수 있으며 봄부터 큰 잎을 수확하면 새로운 잎이 돋아나므로 계속 수확이 가능하다.

파종 후 봄에는 40~50일, 여름 파종은 40일이면 수확이 가능하다.

여름철에는 봄보다 약간 작은 잎 상태로 수확하며 보통 잎이 손바닥 크기만큼 자랐다면 수확하기 좋은 상태다. 한꺼번에 전부 수확하면 나무가 연약해지면서 병에 걸리기 쉽다.

깻잎을 수확할 때는 아래 첫 마디부터 계속 따 주면서 덜 펴진 상위 2-4잎은 남겨두고 그 아래의 잎을 수확한다.

씨받이

초가을이 되면 겨드랑이에 꽃이 보이기 시작하고 잎이 작아지며 맨 위에는 더 이상 새로운 잎이 나오지 않게 된다. 낮의 길이가 짧아지면 꽃눈이 생기고 꽃이 피게 된다.

가을철에 씨앗을 받아서 다음해 다시 이용할 수 있다.

영양소가 풍부해 식탁 위의 명약이라고도 불리는 깻잎은 빈혈 예방과 아동의 성장기 발달에 효과적인 채소로도 알려져 있다. 쌈, 절임, 무침, 샐러드, 볶음 등 요리법도 다양한 만큼 맛있게 먹으며 우리 몸에 필요한 필수영양소를 섭취해보자.

멜론

누가 버린 멜론 씨앗 키우기

멜론은 현재 재배법이 많이 공개되지 않은 작물이다.
하지만 참외나 수박을 키워 봤다면 멜론 재배는 쉬운 편에 속한다.
노지에선 방임하여 재배해도 자연수분되어
열매가 달리기에 큰 어려움 없이 가꿀 수 있다.

환경 조건

싹트는 온도   28~30℃

잘 자라는 온도   20~30℃

토양 조건   토양 산도 pH6.0~6.8의 배수와 통기성이 좋은 토양.

건조한 것을 좋아하고 비료가 많이 필요하지 않다.

비가 많으면 병이 많이 발생하고 습도가 높으면 당도가 떨어진다.

 재배 일정

월	1			2			3			4			5			6			7			8			9			10			11			12		
	상	중	하	상	중	하	상	중	하	상	중	하	상	중	하	상	중	하	상	중	하	상	중	하	상	중	하	상	중	하	상	중	하	상	중	하
일정														●	●	▼	▼					■	■	■	■	■										

● 씨뿌리기   ▼ 모종심기   ■ 수확

씨뿌리기

씨앗에 충분히 수분을 준 뒤 25~30℃ 되는 곳에 1~2일 두면 싹이 나온다. 싹의 크기가 1~2mm 정도가 되면 트레이에 파종한다. 모종은 본잎이 4~5매가 될 때까지 키워 화분에 심는다.

심을 땐 '덩굴 마름병'이 올 수 있으니 절대 깊이 심지 않는다.

유인하기

전문 농가에서는 줄을 매달아 만든 유인줄을 이용해 줄기를 휘어 감싸면서 올려주는데 작업 시 줄기가 기울어져 끊어지는 걸 방지하기 위해서다.

장소에 여유가 있다면 바닥으로 유인해 키워도 무방하다.

인공수분

멜론은 11~13마디의 결과지에서 착과를 시켜주는데, 11~13마디의 결과지의 첫마디 암꽃에 수정하고 한 마디를 더 남긴 뒤 적심한다. 노지 텃밭이나 옥상에서 키울 경우 수정은 보통 벌이 해주지만 베란다에서 키운다면 직접 수꽃을 따서 수작업으로 해줘야 한다.

11마디 결과지 암꽃.

오른쪽 그림과 같이 아래 하엽 10잎, 상엽 10잎을 두고 적심한 후 중간에 열매를 두는 방식이다. 상엽은 멜론의 당도를 올리는 역할을 한다.

메론 재배는 잎이 얼마나 싱싱하게 오랫동안 살아 있느냐가 중요하다.

착과한 멜론은 10일 후 표면이 갈라지면서 멜론 특유의 그물 모양 '네트'가 발생하기 시작한다.

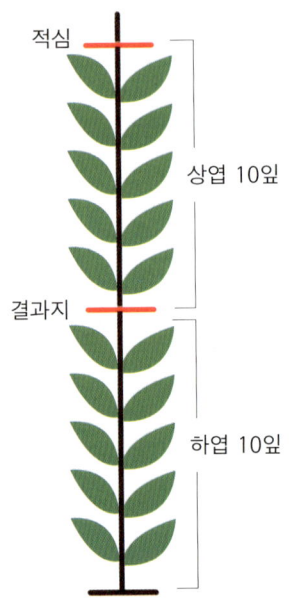

적과

적과는 고품질의 멜론을 생산하기 위해 1주 1과 재배가 기본이다. 따라서 포기당 2~3개의 열매 중 좋은 것으로 하나만 남기고 나머지는 제거한다.

물 관리

모종심기 후 뿌리내리기까지는 토양 수분이 부족하지 않게 관리한다.

뿌리내림 후에는 점차 수분을 줄여 수정기에는 건조하게 관리하다 다시 과실이 커질 때에는 수분을 충분히 공급하고, 수확기에는 토양의 수분을 줄여 당도가 올라가도록 유도한다.

수확하기

물을 조금씩 자주 주고 수확하기 10일 전부터 서서히 물 공급을 줄이다가 수확 직전 완전히 끊는다.

머스크멜론의 경우 착과 후 50~55일 정도 지나면 수확한다.

후숙해서 먹으면 당도가 올라가는 과일이니 멜론의 꼭지 반대편의 배꼽을 살짝 눌렀을 때 말랑한 상태를 확인 후 말랑하면 완숙 상태이므로 바로 먹어도 된다.

여주

옥상 화분에 고혈압과 당뇨에 좋은 여주 키우기

여주는 특별히 병충해도 없고 키우는데 어려움이 없다.
천연 혈당강하제로 잘 알려져 있을 정도로 당뇨에 좋으니 가족 중 당뇨환자가 있다면
여주를 키워 활용해보자.
여주가 완전히 익으면 벌어지는데 붉은색의 열매는 단 맛을 내지만 약효를 최대한으로
높이고 싶다면 왼쪽 사진처럼 쓴맛이 강한 초록색 상태일 때가 좋다.
혈당 강화 작용과 췌장 작용을 돕는 등 정말 다양한 효능을 가지고 있으니
한 번 도전해볼 만한 작물이다.

환경 조건

싹트는 온도 30~35℃
육묘 시 생육 적온은 20~25℃, 꽃눈분화 적온은 25℃.

햇빛의 세기 원산지가 열대지방이므로 뜨겁고 다습한 기후에서 잘 자란다.

토양 조건 비옥하고 배수가 잘되는 사질토 토양이 좋으며 산도는 pH5.5~6.7가 적당하다.

재배 일정

월	1			2			3			4			5			6			7			8			9			10			11			12		
	상	중	하	상	중	하	상	중	하	상	중	하	상	중	하	상	중	하	상	중	하	상	중	하	상	중	하	상	중	하	상	중	하	상	중	하
파종											●	●	●																							
모종													♠	♠																						

● 씨뿌리기 ♠ 모종(심는 간격: 2~2.5m) ▓ 수확

여주 씨앗은 다른 작물에 비해 발아가 느린 편이다. 싹트는 온도는 25℃ 이상으로 4월 직파할 경우 씨앗 발아가 어렵다. 따라서 5월 중순쯤 모종을 구입해 모종심기를 하는 것이 좋다. 만약 파종할 경우에는 4월 하순에 비닐멀칭해서 가급적 온도를 높여 줘야 한다.

여주는 수박, 참외와 같이 덩굴손이 있어 상부로 유인해서 키우는 것이 일반적이다. 따라서 모종을 심기 전에 우선 지지대를 세우고 오이망을 설치해야 한다.

물 관리

여주는 덩굴성으로 엽수가 많고 잎이 얇기 때문에 증산량이 많아 적절한 수분을 확보하지 못하면 잎이 말라버리기 쉽다. 따라서 다른 과채류에 비해 많은 물을 필요로 하는 만큼 수분이 부족하지 않도록 관리해야 한다.

순지르기

원줄기보다 주로 곁가지에서 암꽃이 맺히므로 보통 10마디 정도에서 원줄기는 적심하고 곁가지를 기른다.

곁가지가 어느 정도 자라면 넝쿨이 얽히지 않도록 또다시 적심한 뒤, 손자넝쿨은 방임하여 재배한다.

수꽃.

암꽃.

수확하기

여주의 과일비대에는 기온의 영향이 크다. 수확까지의 일수는 기온이 낮은 시기에는 수분 후 35일, 기온이 높을 때는 수분 후 12일 정도가 소요된다.

수확시기를 놓쳐 수확하면 수확 후 2~3일 지났을 때 과실 끝부분부터 주황색으로 변하거나 아예 주황색이 되었을 때 수확하게 되면 1~2일 사이 과실이 터질 수 있다. 터져 버린 붉은 여주의 씨앗 부위를 먹으면 달콤한 맛이 나므로 한 번 맛을 보는 것을 추천한다.

여주는 주로 약용으로 많이 이용되지만 요리도 가능하다. 요리로 이용할 때는 여주의 쓴맛을 제거하는 것이 중요하다.
보통 여주 1개를 반으로 나눠 씨가 들어 있는 속을 파낸 뒤 호박볶음을 할 때 호박을 썰 듯 여주를 썬 뒤 천일염 1큰술, 설탕 1큰술을 넣고 섞어준다. 그런 뒤 30분 정도 두었다가 씻어낸 후 다시 찬물에 30분 정도 담가서 최대한 쓴 맛을 빼준다.
그 뒤는 스팸, 베이컨, 돼지고기 등 좋아하는 식재료와 함께 야채와 양념을 더해 볶아주면 맛있는 여주볶음요리를 완성할 수 있다.

열매마

(하늘마)

화분에 열매마 키우기

흔히 '마'라고 하면 땅속에서 수확하는 마를 떠올린다. 하지만 열매마는 오이처럼 줄기에 주렁주렁 달리는 특성을 갖고 있다. 그래서 '하늘마' '우주마'라고도 부른다.

열매마의 원산지는 아프리카로 추정되며, 일본, 중국, 필리핀, 인도 등에서도 재배되고 있다. 우리나라에 도입된 지 얼마 되지 않았지만 재배가 쉽고, 병충에도 강하며 일반 '마'보다 칼슘이 3배 더 높고 근육 형성에 필요한 뮤신, 칼슘, 아르기닌이 풍부해 위와 장, 노화 방지에 탁월하다고 알려져 있다. 껍질까지 먹을 수 있다는 것이 특징이다. 맛이 거의 느껴지지 않기 때문에 우유에 꿀을 넣거나 요쿠르트에 갈아 마시는 방법과 마를 갈아서 전으로 먹는 방법 등 다양한 요리법이 있다.

환경 조건

싹트는 온도	20℃ 발아 시작.
잘 자라는 온도	25~30℃
햇빛의 세기	빛이 강하고 햇빛이 비치는 시기가 길수록 잘 자란다.
토양 조건	배수가 잘되며 유기물 함량이 많은 참흙이나 모래참흙에서 잘 자란다.

 재배 일정

월	1			2			3			4			5			6			7			8			9			10			11			12		
	상	중	하	상	중	하	상	중	하	상	중	하	상	중	하	상	중	하	상	중	하	상	중	하	상	중	하	상	중	하	상	중	하	상	중	하
파종											●	●																								
모종													♠	♠																						

● 씨뿌리기　♠ 모종(심는 간격: 2~2.5m)　■ 수확

씨뿌리기

4월 중순경 종근을 직파하는 방법과 육묘하여 모종으로 심는 방법이 있다.

종근은 감자처럼 잘라 심어도 되지만 너무 작으면 줄기가 빈약하게 자라므로 50g 정도의 열매마를 통째 심는 것이 좋다.

파종은 약 5~10cm 깊이로 하며 포기 간격은 60~70cm를 유지하는 것이 좋다.

넝굴성 작물이므로 줄기가 타고 올라갈 튼튼한 망을 만들어 주어야 한다. 줄기덩굴은 보통 7m 이상 자란다.

물 주기

열매마는 수분 관리가 중요하다. 7월이 되어 줄기에 열매마가 동그랗게 매달리기 시작하면 최소 10일에 1번 정도 충분히 물을 주는 것이 좋다. 수분이 부족할 경우 열매마의 모양이 울퉁불퉁하게 자랄 가능성이 있기 때문이다.

수확 시기

열매마는 모종으로 심었을 경우 7월이 되면 콩알만 하게 달리기 시작한다.

8월 중순부터 서리가 내리기 전까지 지속적인 수확이 가능하며, 초록색 열매가 익으면 울퉁불퉁한 갈색으로 변한다.

저장성이 좋으므로 수확 후 2~3일 그늘에 말린 뒤 보관하다가 겨울에는 10℃ 이상 얼지 않게 신문지에 말아서 실내에서 보관한다.

화분에 한 달 만에 수확하는 열무 키우기

연하고 부드러운 맛의 열무는 원래 '어린 무'를 뜻하는 '여린 무'에서 유래되었다.
아주 덥거나 아주 추운 달을 제외하면 연중 재배가 가능하며
무엇보다 재배 기간이 짧아(40일) 작물을 수확한 뒤 다음 작물을 심어야 할 기간까지
한 달 정도의 공백이 있다면 열무를 심어 알뜰하게 텃밭을 가꾸어 보자.

환경 조건

싹트는 온도 15~30℃이며 35℃ 이상이면 발아가 잘 되지 않는다.

잘 자라는 온도 20℃이며 13℃이하로 떨어지거나 고온이 되면 상품성이 떨어진다. 열무는 서늘한 기후를 좋아하며 추위와 더위에 약하다.

햇빛의 세기 빛이 강하고 해 비치는 시기가 길수록 잘 자란다.

토양 조건 통기성과 수분함량이 충분한 토양이라면 어디서든 잘 재배된다.

토양 산도 pH 5.5~6.8로 약산성.

 재배 일정

월	1			2			3			4			5			6			7			8			9			10			11			12		
	상	중	하	상	중	하	상	중	하	상	중	하	상	중	하	상	중	하	상	중	하	상	중	하	상	중	하	상	중	하	상	중	하	상	중	하
일정															●	―	―	―	■			●	―	―	―	■										
																	●	―	―	―	■		●	―	―	―	―	―	■						

● 씨뿌리기   ■ 수확

씨뿌리기

열무는 흩어 뿌리거나 골뿌림을 하는데 너무 촘촘하게 뿌리면 웃자라서 좋은 채소를 수확할 수 없게 되니 간단히 솎음할 수 있도록 가능하면 조금씩 파종하는 것이 좋다. 씨앗은 생산된 지 2년 이내 것이 좋다.

씨앗이 보이지 않을 정도로만 가볍게 흙을 덮는다(3mm 정도). 이때 수분이 충분해야 싹이 잘 올라오며 건조할 때는 흙을 좀 더 두껍게 덮어야 한다.

씨앗의 줄 간격은 20~25cm로 한 뼘 정도면 적당하다.

물 관리

여름철엔 물을 자주 줘야 한다. 물조리개로 건조하지 않도록 아침저녁으로 고루 뿌려주면 된다.

수확하기

씨 뿌린 후 싹이 올라온 상태를 봐서 지나치게 촘촘하게 싹이 났다면 여름철에는 10일, 봄에는 2주일 정도에 솎아주기를 한다.

봄에는 40일, 한여름에는 25일 전후로 수확이 가능하다.

수확기를 넘기면 이른 봄 재배 시 추대가 문제되며, 여름철에는 무름병 등 각종 병해로 좋은 채소를 수확할 수 없으므로 상품성이 떨어지지 않도록 적기에 수확한다.

열무국수 레시피

재료

열무김치 1컵, 고춧가루 1큰술, 설탕 1큰술,
간장 1큰술, 다진마늘 1큰술, 식초 반 큰술,
매실청 반 큰술, 참기름 1큰술, 고추장 1큰술,
소면, 삶은 달걀 1개, 통깨 조금,
오이 있으면 채 썬 거 조금

열무김치와 오이 채 썬 거, 삶은 달걀을 뺀 모든 재료를 섞어서 삶은 소면에 넣고 준비한 열무김치와 오이 채 썬 것, 삶은 달걀을 올리고 그 위에 통깨를 뿌리면 맛있는 열무비빔국수가 된다.
시판하고 있는 냉면 육수를 넣으면 열무국수가 되며 열무가 없다면 김치로 대체해도 된다.

7월에 심는 작물

　7월 텃밭은 5월에 심은 작물이 3개월의 재배기간을 걸쳐 1차 수확하는 시기이다.
　보통 옥수수, 토마토, 오이. 감자, 수박, 참외, 가지 등을 본격적으로 수확하게 된다. 이 중에는 한번 수확으로 수확을 마무리하는 작물이 있지만 서리가 내리는 11월 까지 계속 수확을 이어가는 작물도 있다.
　7월은 점점 기온이 올라가 뜨거운 날씨 때문에 텃밭은 고온과 장마 기간으로 심을 수 있는 작물이 없을 것처럼 보이지만 의외로 앞서 재배했던 작물을 다시 한 번 키울 수 있는 달이기도 하다.
　특히나 토마토를 새롭게 시작하면 서리가 내리기 전까지 수확할 수 있으며, 재배기간이 4개월 정도인 당근과 3개월인 옥수수 등 가을 수확에 맞추어야 하는 작물을 시작하는 달이기도 하다.

가을 당근
7월 하순

옥수수
7월 하순

그 외에도 7월에 준비해야 할 작물로는 방울토마토(토마토), 열무, 얼갈이배추, 시금치, 양배추 등이 있다.

가을 당근

봄에 파종한 씨가 있다면 가을에 한 번 더 파종할 수 있다.
재배기간이 긴 가을 당근은 보통 7월에 파종하는데 새싹이 나올 때까지
겉흙이 마르지 않도록 수분을 꾸준히 공급해주면
발아율도 좋고 병충해 없이 키울 수 있다.
가을에 수확한 당근은 김장의 재료로 쓸 수 있다.

환경 조건

싹트는 온도 15~30℃

잘 자라는 온도 18~21℃ ※ 28℃ 이상이나 3℃ 이하에서는 생육이 정지되거나 제대로 생장하지 않으며 12℃ 이하에서는 당근 뿌리의 색깔이 잘 착색되지 않는다.

햇빛의 세기 빛의 양에 큰 영향을 받지는 않지만 햇빛을 충분히 쪼여주는 것이 좋다.

토양 조건 수분을 잘 보유하고 물 빠짐도 잘되는 양토 또는 식양토가 좋다.

토양 산도 pH 5.3~7.0을 유지해야 하고 pH 6.0~6.6에서 잘 자란다.

※ 봄 당근 재배 조건이지만 기본 조건이 같으므로 참고한다.

 재배 일정

월	1			2			3			4			5			6			7			8			9			10			11			12		
	상	중	하	상	중	하	상	중	하	상	중	하	상	중	하	상	중	하	상	중	하	상	중	하	상	중	하	상	중	하	상	중	하	상	중	하
가을																				●	●					★							■	■		

● 씨뿌리기   ★ 솎음하기   ■ 수확

씨뿌리기

- 당근 씨앗은 8~10cm 간격으로 3~4립씩 파종한다.
- 씨앗을 뿌린 후 흙은 0.5~1cm 두께로 덮고 가볍게 두드려 준다.
- 씨앗을 뿌린 후 물을 주면 발아가 빠르고 고르게 올라온다.

솎아주기

당근은 솎음 없이 그대로 키울 경우 크게 자라지 못하므로 크고 실한 당근을 수확하기 위해서 솎아주어야 한다. 솎아주기는 1~2차로 나누어 진행한다.

시기 씨앗을 뿌린 후 30~40일경

- 본 잎이 3~4매가 되었을 때 첫 번째 솎음을 하고 다시 10~15일 후 두 번째 솎음을 한다.
- 1회만 솎아줄 경우 발아한 당근 중에서 튼튼하고 세력이 좋은 것 1포기를 제외하고 나머지는 뽑아낸다.
- 2회에 걸쳐 솎아줄 경우 처음에는 2~3포기를 남기고, 2회 때 튼튼한 1포기만 남긴다.

• 솎아낼 때는 다른 포기가 뽑히지 않도록 조심하면서 뽑아야 한다.

물 관리

중간에 가뭄이 들면 물을 주어야 하는데 물을 줄 때는 한 번에 충분히 주고, 지나치게 자주 주게 되면 수확 시 뿌리 표면이 거칠고 잔뿌리가 많아진다.

수확하기

당근은 씨앗을 파종한 후 4개월 전후로 수확하는데 (파종 후 90~120일 수확, 미니 당근은 70일경), 당근 잎이 늘어지면서 아래로 처지기 시작하면 수확해도 된다는 신호이다. 봄 재배는 날씨가 본격적으로 더워지기 전에 수확하고, 가을 재배는 추워지기 시작하는 11월에 수확한다.

가을 옥수수

옥수수는 보통 5월에 한 번 심지만 생육기간이 짧아 봄 파종과
여름 파종의 이기작이 가능한 작물로, 4월 중순~7월 중순까지 나누어 파종할 수 있다.
7월 파종을 하면 수확은 10월 정도에 하게 된다.
이것이 겨울에도 옥수수를 즐길 수 있는 이유이다.

환경 조건

싹트는 온도   32~34℃(최저 8~11℃, 최고 40℃ 내외)

토양 조건   통기성과 물 빠짐이 좋아야 하는 작물이므로 점질토나 물이 잘 빠지지 않는 밭 또는 너무 메마르기 쉬운 모래땅은 적당하지 않다.

햇빛   햇빛을 좋아한다.

꽃가루가 퍼지는 시기   35℃ 이하 유지(35℃ 이상에서는 수정률 감소).

물 요구도   5~6월 80~90mm, 7월 120mm, 8월 130mm, 9월 70mm

토양 산도   pH5.5~8.0(약산성~미알칼리성 토양)

재철   7월 하순~8월 상순

※ 봄 옥수수 재배 조건이지만 기본 조건이 같으므로 참고한다.

 ### 재배 일정

월	1			2			3			4			5			6			7			8			9			10			11			12		
	상	중	하	상	중	하	상	중	하	상	중	하	상	중	하	상	중	하	상	중	하	상	중	하	상	중	하	상	중	하	상	중	하	상	중	하
일정																				●									중							

● 씨뿌리기   ▼ 모종심기   ■ 수확

씨뿌리기

가을 파종을 할 때는 환경이 온도가 높고 습기가 많아서 썩을 확률이 높기 때문에 씨앗으로 쓸 옥수수는 3일 정도 그늘에서 건조한 후 파종한다.

1구멍에 2알씩 파종 후 옥수수 싹이 나오면 본잎이 2개 정도 나올 때까지 기다렸다가 약한 모종을 솎아낸다. 하지만 굳이 솎지 않고 둘 다 키워도 무방하다.

옥수수는 퇴비를 많이 필요로 하는 작물이지만 밭을 만들 시간적 여유가 없기에 키웠던 자리에 다시 파종하여 재배한다. 되도록 한 가지 품종의 옥수수를 키우는 것이 교잡을 막을 수 있으며 10주 이상 군락을 이뤄 키워야 수분이 잘 되어 옥수수알이 빠짐없이 달릴 수 있음을 기억하자.

수확시기

가을 옥수수는 10월 상순부터 수확이 가능하며 수염의 마른 상태를 보고 수확 시기를 정한다.

7월에 파종하여 가을에 수확하는 찰옥수수는 옥수수수염이 나온 지 30일~35일 사이에 수확한다. 수확한 옥수수는 봄에 파종한 옥수수보다 크기와 수확량이 훨씬 작다는 단점이 있다.

* 습도가 높은 환경에서 시작하는 가을 옥수수는 실한 옥수수를 수확하기 위해서는 수분이 잘 되도록 더 신경 써야 한다.

8월에 심는 작물

8월 하순을 넘기면 여전히 한 낮의 기온은 높지만 어느 순간 더위가 한 풀 꺾여 가을이 가까워 졌다는 걸 느끼기 시작한다. 높게 뜨던 태양도 조금은 기울어지고 모든 걸 태울 것 같던 태양 빛도 한층 부드러워진다.

아직 덥다고 생각하겠지만 가을농사를 생각해야 하는 아주 중요한 달이다.

가을은 온도가 점점 내려가고 일조량은 줄어들어 작물에 필요한 생육기간이 짧다. 8월은 이런 가을 특성에 맞게 각종 가을재배 농작물을 준비하는 시기이면서 다가올 겨울을 준비하는 시기이기도 하다. 이에 따라 파종시기를 놓치면 수확하기가 어렵다.

노지 텃밭이 아닌 화분재배는 8, 9월 마지막 재배를 마무리 하는 것이 좋다. 왜냐하면 텃밭과 다르게 화분은 지상에 노출되어 있어 추위에 단단하게 얼어버리거나 마늘과 같은 월동 작물을 키우기엔 관리도 어렵고 생산성이 낮다. 따라서 재배를 계속 이어가기 보다는 10월과 11월 작물 수확에 중점을 두는 것이 더 합리적이다.

가을 감자
8월 중순

김장무
8월 중순

쪽파
8월 중순

그 외에도 8월에 준비해야 할 작물로는 시금치, 김장배추, 콜라비, 알타리무, 상추, 열무, 대파, 비트 등이 있다.

감자는 보통 봄과 가을 재배가 가능하지만 가을 재배는 발아가 되지 않는 경우도 많기 때문에 다음해에 사용할 씨감자 정도를 생각하고 재배하는 것이 좋다.

환경 조건

싹트는 온도	5℃ 이상
잘 자라는 온도	14~23℃, 덩이줄기가 굵어지는 낮 23~24℃, 밤 10~14℃
물 주기	감자는 과습보다는 비교적 건조한 편이 재배에 유리하다. 그러나 씨감자를 심은 후 새싹이 나올 때와 덩이줄기가 커질 때는 수분이 부족하지 않도록 적절히 물 주기를 할 필요가 있다.
토양 조건	작토층이 깊고 유기물이 풍부하며, 물 빠짐이 좋고 바람이 잘 통하는 모래참흙이나 참흙이 좋다.
토양 산도	pH 5.0~6.0이 좋다. 알칼리성 토양에서는 더뎅이병이 발생하고, 과도한 산성 토양에서는 흑지병이 발생할 수 있다.

※ 봄 감자 재배 조건이지만 기본 조건이 같으므로 참고한다.

 재배 일정

월	1			2			3			4			5			6			7			8			9			10			11			12		
	상	중	하	상	중	하	상	중	하	상	중	하	상	중	하	상	중	하	상	중	하	상	중	하	상	중	하	상	중	하	상	중	하	상	중	하
일정																							●									▨	▨			

● 씨뿌리기　▨ 수확

8월은 습도도 높고 고온에다 비도 자주 오는 상황에서 씨감자를 절단해서 심으면 쉽게 썩고 싹의 출현율이 낮아 수확량이 적어진다. 이를 해결하기 위해서는 씨감자를 절단하기보다는 통감자를 그대로 이용해 싹이 나온 것을 확인한 후 파종해야 한다.

씨뿌리기

가을 감자는 잘라서 심으면 잘 썩기 때문에 일반적으로 통으로 심는다.

감자를 수확한 후 싹이 나기까지 걸리는 기간은 짧게는 60일, 길게는 4개월이 지나야 하는데 이 기간을 '휴면기간'이라고 한다.

따라서 봄 감자를 가을재배용으로 쓰기 위해서는 수확 후 냉장고(4℃ 정도)에서 2~3주간 보관한 후 고온으로 옮겨 보관하거나, 바람이 잘 통하는 장소에 보관해야 통감자의 싹을 잘 틔울 수 있다.

6월 중·하순에 수확하고 크기가 30g 이상인 통감자를 이와 같은 방법으로 보관하면 싹이 틀 확률이 90% 이상으로 높아진다. 만약 봄 감자를 7월 상순에 수확하거나 20g 미만의 통감자를 쓰게 되면 싹이 트는 비율은 50~60%로 낮아진다.

노지 텃밭은 직파를 하거나 물에 적신 상토에 씨감자를 넣고 물에 적신 신문지를 덮어 싹을 키운 후 옮겨 심는 방법이 좋다.

옮겨 심을 때에는 봄 감자의 파종 때와는 다르게 감자의 눈만 묻힐 정도의 깊이로 심고 감자의 싹이 좀 자랐을 때 북주기로 주변 흙을 높게 만들어 주어야 비가 많이 와도 썩지 않고 좋다.

씨감자 파종방법

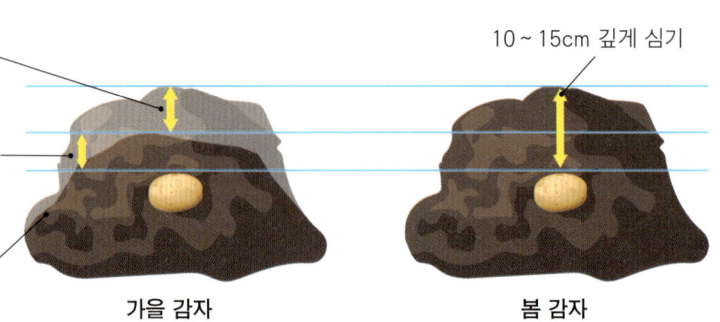

③ 파종한 감자 대부분에서 싹이 올라오기 시작하면 5~10cm 정도의 높이로 북주기를 한다.

② 파종하는 감자는 싹이 잘 나올 수 있도록 깊이는 5cm를 넘지 않도록 심는다.

① 파종을 하기 전 이랑의 높이는 봄 재배 때보다 좀 더 낮게 한다.

10~15cm 깊게 심기

가을 감자　　　　봄 감자

가을 감자는 키우는 도중 갑작스러운 장마로 침수 피해가 발생할 수도 있는데 화분이라면 다른 곳으로 옮겨 피할 수 있지만 텃밭이라면 위 그림과 같은 과정을 거쳐 침수와 습해(습기로 인한 여러 가지 피해)를 방지할 수 있다.

순지르기

가을에 재배한 감자는 봄에 수확한 감자를 사용할 경우 생육 속도가 빠르고 새순도 2~3줄기만 올라와 순지르기가 필요 없고 수확량도 많아진다.

수확하기

홍감자의 경우 6월에 수확한 감자를 8월의 처서 이후에 다시 심어 씨감자로 사용하게 되는데 가을 재배 특성상 서리가 내리는 11월에 수확하기에 생육기간이 짧아 재배기간을 다 채우지 못하고 수확하는 경우가 발생한다.

김장무

화분에 씨앗으로 김장무 키우기

무는 우리 식탁에 빼놓을 수 없는 식재료로 다양하게 활용된다.
가을 재배의 대표작물이기도 한 김장무는 여름에 준비하기 때문에
뜨거운 날씨에 키우는 것이 쉽지는 않다.

환경 조건

싹트는 온도 15~34℃ (40℃ 정도에서는 발아하지 못함)

잘 자라는 온도 17~23℃ (어릴 때 18℃, 뿌리 비대기 21~23℃)
−12℃ 이하의 저온을 일주일 이상 연속 경과하면 추대하여 상품 가치가 없어진다.

햇빛의 세기 강한 빛을 좋아하며 뿌리가 굵어지는 시기에 햇빛이 부족하면 수량이 적어진다.

토양 조건 토양이 깊고 보수력과 물 빠짐이 잘 되며 가벼운 토양이 좋다.

토양 산도 pH 5.5~6.8 정도의 중산성을 좋아한다.

 재배 일정

월	1			2			3			4			5			6			7			8			9			10			11			12		
	상	중	하	상	중	하	상	중	하	상	중	하	상	중	하	상	중	하	상	중	하	상	중	하	상	중	하	상	중	하	상	중	하	상	중	하
중부																						●								수확	수확					
남부																								●							수확	수확				

● 씨뿌리기   수확

씨뿌리기

심는 시기 8월 중순~9월 초
심는 간격 30cm
심는 깊이 씨앗 두께의 2~3배

무 씨앗.

김장 무는 모종을 정식하기보다는 씨앗을 구입해 파종한다. 모종으로 키운다면 옮겨 심는 과정에서 뿌리가 구부러지지 않고 반듯하게 심어야 하며 뿌리가 쪼개져 자라게 되면 상품성이 떨어지게 된다. 따라서 직접 씨를 뿌려 키우는 즉 직파하는 것이 좋은 작물이다.

김장 무를 심는 방법은 크게 줄뿌림과 점뿌림이라는 두 가지가 있다.

줄뿌림을 했을 경우 비닐멀칭이 어렵기 때문에 씨앗을 심고 발아한 싹을 키워 중간중간 솎음해주며 키워야 하고 점뿌림은 비닐멀칭을 하는데 이때 씨앗끼리의 간격을 1~2cm 띄워 파종한다.

점뿌림.

무는 발아율이 아주 좋은 작물로 파종 후 흙을 덮어주고 물을 흠뻑 주면 4~5일 안에 싹이 난다.

솎아내기

1차 솎기는 본잎이 3~4매 나오면 5~10cm 정도 포기 간격을 두고 솎아낸다. 1차 솎기를 할 때는 구멍 당 3포기만 남기고 모두 솎아낸다. 이때는 성장이 부실하거나 벌레가 많이 먹은 것을 중점으로 솎아낸다.

2차 솎기는 본잎이 5~6매 나왔을 때 20~25cm 정도 간격을 두고 솎아내기를 한다. 본잎이 5~6장일 때나 파종일로부터 2주가 지나면 가장 튼실한 무 싹 하나만 남기고 모두 솎아낸다. 텃밭이나 화분이나 한 주만 남기는 것은 동일하다.

튼실한 한 주만 남기고 솎아내기.

물 관리

김장 무는 물을 좋아하는 작물이기 때문에 생육 초기에서 중기까지 물 주기가 정말 중요하다. 물을 잘 주면 크기도 커지고 매운맛이 줄어들며 아삭한 맛이 강해진다.

청벌레 관리

가을에 재배하는 무와 배추는 청벌레 피해가 많은 작물이다. 평소에는 그저 아름다운 나비지만 흰나비의 애벌레는 잎을 갉아 먹어 작물이 제대로 성장하지 못하게 한다.

흰나비의 애벌레(청벌레).

잎을 갉아 먹는 청벌레.

보통 텃밭에서는 한랭사로 나비의 접근을 막지만 가정에서는 페트병을 이용해 나비의 접근을 막을 수 있다.

하엽정리

김장무는 생육 후기에 저온다습하면 아랫잎부터 병이 발생한다. 통풍을 위해 노랗게 변한 잎은 정리해준다.

수확하기

김장용 무는 씨앗 파종 후 70~100일 정도면 수확이 가능하다. 8월 말이나 9월 초에 김장무를 파종했다면 11월 초~중순 수확하면 가장 맛있는 김장무가 된다. 너무 일찍 수확하면 품질이 떨어지고, 늦게 수확하면 동해(추위로 인한 피해)를 입어 오래 저장할 수 없으니 적당한 시기에 수확해야 맛있고 좋은 무를 얻을 수 있다.

맛있는 김장 무는 보통 모양이 곧고 잔뿌리가 없으며 표면이 하얗고 매끄러운 것이 좋다. 들었을 때 묵직하고, 살짝 눌렀을 때 단단함이 느껴져야 좋은 무다.

무의 윗부분에 나타나는 녹색이 전체 크기의 1/3 정도라면 잘 자라서 좋은 영양소가 듬뿍 담긴 무다.

쪽파

텃밭이 아닌 화분에 쪽파 키우기

대파와 함께 두루두루 쓰임이 많은 쪽파는 가을 농사에 빼먹을 수 없는 작물이다.
생육기간도 짧고, 병충해가 심한 작물이 아니기에 조금이라도 여유 화분이 있다면
쪽파를 심어 땅을 놀리지 말고 알뜰하게 써보자.

환경 조건

싹트는 온도 15~25℃

잘 자라는 온도 생육적정 온도는 15~20℃이며 저온에 강하고 여름에는 휴면한다.

햇빛의 세기 다소 빛이 적은 환경에서도 잘 자라 실내 직사광선이 비추는 곳에서 키우기 좋다.

토양 조건 배수가 좋은 모래땅이나 사양토가 적당하다.

토양 산도 pH 5.7~7.4 정도가 좋으며 산성 토양에서는 생육이 불량하다.

 재배 일정

월	1			2			3			4			5			6			7			8			9			10			11			12		
	상	중	하	상	중	하	상	중	하	상	중	하	상	중	하	상	중	하	상	중	하	상	중	하	상	중	하	상	중	하	상	중	하	상	중	하
일정																						●	●	●	●											

● 씨뿌리기   수확

휴면

쪽파 종구는 휴면에 들어가면 물을 주어도 싹이 트지 않지만 30℃ 이상 되는 기간이 20일 이상 되면 휴면에서 깨어나 싹을 틔울 수 있다.

보통 종구용 쪽파는 5월 말~6월 초에 수확해 두 달 정도 보관하는 기간에 휴면이 타파되어 8월 초·중순이 되면 싹을 틔울 수 있게 된다.

쪽파 종구 자르기

일반적으로 종구를 자르고 심어야 싹이 잘 난다고 하지만 생장에는 차이가 없다. 다만 종구를 잘라주면 예쁘고 고르게 싹이 나오므로 아랫부분의 마른 뿌리와 윗부분의 마른 줄기를 가위로 살짝 정리해주면 좋다. 이때 주의할 점은 너무 많이 자르지 않도록 조심해야 한다는 것이다. 대략 2mm 정도만 잘라준다.

심는 시기

심는 시기	8월 초~9월 중순	추석용 쪽파	8월 초~8월 중순
심는 간격	10~15cm	김장용 쪽파	9월 초~9월 중순
심는 깊이	3~5cm		

쪽파는 휴면이 타파된 7월 중순경부터 재배할 수 있으나 용도에 따라 심는 시기를 조율하면 된다. 추석용 쪽파는 8월 초, 대부분은 김장용으로 재배하게 되는데 이를 위해서는 8월 하순~9월 상순에 파종하여 10~11월경에 수확한다.

알이 단단하고 윤기가 있는 것을 종구로 선택하면 된다. 종구가 큰 것은 1개씩 심고, 작은 것은 2~3개씩 붙여서 10~15cm 간격, 3~5cm 깊이로 심으며 된다.

대부분 10일 전후로 싹이 올라오며 발아가 되지 않은 것이 있다면 종구가 썩었거나 벌레 피해를 입었을 가능성이 크다. 이때는 다시 종구를 심어준다.

물 관리

건조한 것을 좋아하는 작물이기 때문에 물을 많이 주면 과습으로 뿌리가 썩어버려, 물은 일주일에 1회 정도 물이 충분히 스며들도록 준다.

수확하기

8월에 파종을 하면 특별한 수확시기 없이 필요할 때 수확하는데 모종을 심은 후 40일부터 수확이 가능하다.

포기가 크고 잎 길이가 긴 것부터 순차적으로 수확한다.

쪽파가 제일 맛있을 시기는 파종 후 40~50일이기 때문에 이때를 수확시기로 정한 뒤 그에 맞춰 심는 시기를 결정하는 게 좋다.

다음 해 씨앗으로 사용할 쪽파는 겨울나기를 한 후 이듬해 5월 채취해서 종구로 사용한다.

로즈마리 살려서 나무로 키우기

로즈마리

버려진 로즈마리 내 맘대로 외목대 키우기

상록수이면서도 침엽수처럼 입이 뾰족한 로즈마리는 생잎이나 말려서 다양한 분야에 활용이 가능하다. 다년생이며 잘 키우면 2m까지도 키울 수 있다고 한다. 따라서 크게 키우고 싶다면 큰 화분에 키워보자.

원산지가 남유럽이기 때문에 추위에 약해 겨울에는 실내에 들여야 하지만 햇빛 좋은 양지에 나무처럼 큰 로즈마리는 겨울도 이겨내는 경우가 있다.

로즈마리는 항균과 살균 작용, 보습과 진정 효과 및 항염, 집중력을 올려주는 각성효과가 있어 식용, 약용, 방부제, 미용과 의학용으로 이용되고 있다.

이 책에서는 겨울에 제대로 관리하지 못해 동사한 로즈마리의 일부를 살려 다시 나무로 키우는 과정과 보통 4년여가 걸리는 꽃 개화 때문에 주로 꺾꽂이로 번식하는 방법 두 가지를 소개한다.

로즈마리 키우는 방법은 《쑥쑥크리의 화분 텃밭》을 참조하길 바란다.

동사한 로즈마리 살려서 나무로 키우기

1 먼저 동사한 가지들을 정리한다.

2 외목대로 키울 가지를 정한 뒤 잔가지들을 제거한다.

3 외목대로 키울 가지를 철사와 지주대로 사진과 같이 세운다.

4 바람이 잘 통하고 아침 해가 드는 곳에 화분을 둔 후 2~3일에 한 번씩 마른 흙을 적셔준다는 기분으로 물을 준다.

5 나무처럼 키우고 싶다면 줄기가 될 부분이 튼튼하게 자랄 수 있도록 곁가지들을 사진과 같이 정리해준다. 어떤 형태의 로즈마리를 원하는지 고민해보고 곁가지를 제거하자. 이 책에서는 동그란 모양의 로즈마리로 키우기 위해 곁가지를 정리했다.

현재 겨울을 지내며 더욱 커졌으며 날씨가 따뜻해지면 다시 한번 곁가지를 정리해줄 예정이다.

제거한 꺾꽂이로 키우는 로즈마리

앞에서 정리한 로즈마리 가지를 물 컵에 담아 수경 재배한다. 뿌리가 내리고 햇빛을 많이 받을 수 있도록 다 쓴 일회용 컵이나 페트병을 이용하면 좋다

1주일에서 2주 정도 지나면 뿌리가 나오기 시작한다. 좀 더 시간이 걸릴 수도 있다.

어느 정도 뿌리가 자라면 흙으로 옮겨준다. 썼던 페트병이나 일회용 컵에 흙을 담아 사용해도 된다.

바람이 잘 통하고 아침 해가 드는 곳에서 키우다가 1달이 지나면 로즈마리를 분갈이해준다.

이 로즈마리 또한 나무로 키울 예정이므로 되도록 큰 화분에 분갈이해준다.

그 후의 관리는 나무로 키우기의 로즈마리 관리 방법과 같다.

주변의 허브는 고양이를 위한 캣닢이다. 21년 캣닢 씨가 떨어져 발아했다. 봄이 되면 분갈이를 해줄 예정이며 로즈마리 꺾꽂이는 완전히 자리잡아 자라기 시작했다.

참고 자료

농촌진흥청의 농사로 www.nongsaro.go.kr

왕산종묘　www.wsgamja.com

텃밭 백과　들녘 | 박원만